UNION THIERNOISE

LA MUTUALITÉ

AU

CONGRÈS DE NANTES

16-22 MAI 1901

RAPPORT

PRÉSENTÉ PAR MM. CLOUVEL, PARAIN ET BRUGÈRE

À L'ASSEMBLÉE GÉNÉRALE DE L'UNION, DU 2 OCTOBRE 1904

II

STATUTS

DE

L'Union Thiernoise

Union des Sociétés de Secours Mutuels de l'arrondissement de Thiers

Approuvée le 24 Août 1904

PRIX : 0 fr. 75.

THIERS

IMPRIMERIE TYPOGRAPHIQUE ET LITHOGRAPHIQUE, A. FAVYE

Place de l'Hôtel-de-Ville et avenue Pierre-Guérin

— 1905 —

CONSEIL D'ADMINISTRATION

Président

BRUGÈRE, Instituteur, 1, rue des Ecoles   Thiers.

Vice-Présidents

CLOUVEL, Fabricant, avenue Pierre-Guérin,   id.
MASSOPTIER aîné, Coutelier, rue de la Coutellerie,   id.

Secrétaires

NOURRISSON PIERRE, Comptable, rue de l'Arc,   id.
PARRAIN, Fabricant, rue de la Coutellerie,   id.
DAVID-DOURIS, Emouleur, à Lombard,   id.

Trésoriers

CARTON, Employé de commerce, rue Durolle,   id.
FERRIOL-MARTIGNAT, Coutelier, rue Durolle,   id.
DAVID-BECHON, Coutelier, à Lombard,   id.

Membres

BRUGIÈRE, Coutelier, rue Gambetta.   id.
MAMBRUN, Coutelier, rue Victor-Hugo,   id.
SOZEDDE, Coutelier, rue Gabriel-Marc,   id.
FAYET-FOUGERON, rue Carnot,   id.
PRADAT JEAN, Coutelier, rue Gambetta   id.
BOURGADE JEAN, Coutelier, rue Duroi,   id.
BECHON REMY, Coutelier, rue de la Fraternité,   id.
FAURON-FÉTU, Coutelier, à la Vidalie,   id.
FAYE-MÈGEMONT, Coutelier, rue Durolle   id.
AULIER-FERRIER, Coutelier, rue de Lyon.   id.
SUCHERRAS DAMIEN, Coutelier, avenue de la République,   id.
JOURDAIN, Instituteur, à Turelet.   id.

Le Président,

BRUGÈRE.

I

LA MUTUALITÉ

AU

CONGRÈS DE NANTES

16-22 MAI 1904

RAPPORT

PRÉSENTÉ PAR MM. CLOUVEL, PARAIN ET BRUGÈRE
A L'ASSEMBLÉE GÉNÉRALE DE L'UNION, DU 2 OCTOBRE 1904

II

STATUTS

DE

L'Union Thiernoise

Union des Sociétés de Secours Mutuels de l'arrondissement de Thiers

Approuvée le 24 Août 1904

THIERS

IMPRIMERIE TYPOGRAPHIQUE ET LITHOGRAPHIQUE, A. FAVYE,
Place de l'Hôtel-de-Ville et avenue Pierre-Guérin

— 1905 —

AVANT-PROPOS

Les auteurs du présent travail, délégués par l'Union des
Sociétés de Secours mutuels de l'arrondissement de Thiers au
Huitième Congrès de la Mutualité, se sont efforcés de remplir
consciencieusement leur mission en s'attachant à recueillir, dans
les publications les plus récentes et dans les travaux du Congrès
de Nantes, les renseignements qui intéressent le plus leurs camarades.

Ils se sont appliqués à les leur présenter d'une manière
aussi claire et aussi méthodique que possible; mais ils n'ont
jamais songé à faire une œuvre destinée aux honneurs de la publicité.

Cependant, le Conseil d'administration de l'Union Thiernoise, sollicité par un grand nombre de sociétaires, entraîné par
les besoins de la propagande mutualiste qui est l'un des points
principaux de son programme et surtout par les propositions

desintéressées de M. Favyé, imprimeur, a décidé de faire paraître le Rapport de ses délégués au Congrès de Nantes, en brochure, pour le mettre, à très bas prix, à la disposition des Membres des sociétés adhérentes à l'Union.

Il a l'espoir que la lecture de ce travail, contribuera à faire comprendre à tous que, pour répondre aux plus généreuses impulsions du cœur humain, comme aux incitations les plus pressantes de la loi elle-même, les Sociétés de secours mutuels, emportées par le mouvement qui attire la société actuelle vers l'application de plus en plus parfaite des grands principes de la Solidarité humaine, doivent viser, non seulement à perfectionner leurs services de maladie et de retraites, mais encore à organiser de nouveaux services pour venir en aide, à leurs Membres, dans tous les risques qu'ils courent, dans tous les malheurs qui les frappent, et à offrir ainsi aux travailleurs, par la Mutualité, c'est-à-dire, par la voie la moins onéreuse qui puisse leur être proposée, un ensemble d'assurances sociales véritablement complet et efficace.

LE VIIIe CONGRÈS NATIONAL

DE LA

MUTUALITÉ

Tenu à Nantes du 16 au 22 Mai 1904

RAPPORT

De MM. CLOUVEL, PARAIN et BRUGÈRE

Préliminaires

MESDAMES, MESSIEURS,

Dans sa séance du 24 mars 1904, le Conseil d'administration de l'*Union des Sociétés de Secours Mutuels* de l'arrondissement de Thiers a délégué, au Huitième Congrès de la Mutualité, M. Massoptier, Président de la *Bienveillance* et M. Brugère Président de l'*Amicale*.

M. Massoptier n'ayant pu, à son grand regret, accepter cette mission fut remplacé par MM. Clouvel, Président de la *Société de Secours mutuels des Ouvriers et Artisans* et Parain Denis, Président de l'*Espérance*, dans la séance du 28 mars suivant.

En vertu de cette délégation, M. Clouvel, M. Parain et moi, nous nous sommes rendus à Nantes, que nous avons trouvée parée et pavoisée pour la circonstance comme aux grands jours de fête.

Dans la journée du dimanche 15 mai, et surtout dans celle du lendemain les congressistes arrivèrent par centaines de tous les points de la France.

Beaucoup d'entre eux ayant déjà assisté aux Congrès précédents étaient heureux de se revoir, de se serrer la main avec effusion et de se rappeler les luttes passées.

Mais les nouveaux venus l'emportaient de beaucoup par le nombre et s'empressaient de s'initier, auprès de leurs amis, aux usages des congrès mutualistes et aux questions qui les intéressent.

Dans les groupes, on se montre les hommes qui se sont déjà fait un nom dans la mutualité : les organisateurs du huitième congrès, MM. Guist'hau, Pion, Lecomte et leurs vaillants collègues de la commission d'organisation, qui accueillent leurs hôtes de la façon la plus aimable ; les membres du Conseil supérieur de la Mutualité, Gyoux, Vermont, Lacroix, Pagès, Hébrard ; M. Mabilleau, directeur du Musée social, Président de la Fédération nationale ; les délégués des ministres de l'Intérieur, M. Barberet, de l'Instruction publique, M. Charlot, de la Guerre, le capitaine Chabert ; les créateurs des formes nouvelles de la Mutualité, M. Cavé, le père de la mutualité scolaire, Félix Poussineau promoteur de la mutualité maternelle ; Blanc, président général de l'Union compagnonnique de France, Chatelus, l'heureux fondateur des *Prévoyants de l'Avenir* ; les représentants les plus autorisés de la presse mutualiste ; les phalanges de mutualistes déjà célèbres venues des grandes villes, de Paris, de Lyon, de Bordeaux, de Toulouse, de Limoges.

La mutualité possède déjà un personnel nombreux doué des aptitudes les plus variées, des écrivains de grand renom, des orateurs écoutés, des administrateurs habiles, des membres du Parlement, anciens ministres, sénateurs et députés ; des publicistes toujours sur la brèche ; des philanthropes toujours en éveil pour soulager les maux de leurs frères.

Dans cette légion d'hommes rassemblés par l'amour du bien public, toutes les classes de la société, toutes les professions, tous les partis politiques ont des représentants toujours d'accord pour ne laisser paraître que leurs convictions mutualistes.

Une telle réunion d'hommes, venus de tous les points de la France, donne lieu à un échange d'idées considérable, non seulement dans les séances des commissions et les assemblées plénières du Congrès, mais encore à toute heure de la journée, dans tous les lieux où l'on a l'occasion de se rencontrer : que l'on s'assoie à la table d'un restaurant, à la terrasse d'un café ou que l'on monte en bâteau ou en tramway, que l'on soit au théâtre ou en excursion, on entend des conversations dont la Mutualité fait l'objet.

La Commission d'organisation avait fait admirablement les choses : à l'œuvre depuis trois ans, elle avait su intéresser à sa mission toutes les Sociétés de Secours Mutuels de la Loire-Inférieure et de la région, grouper autour d'elle tous les dévouements utiles, obtenir tous les concours nécessaires pour faire du huitième congrès de la mutualité une manifestation véritablement imposante.

De son côté, la Ville de Nantes n'avait rien négligé p ur recevoir dignement les congressistes et faire participer toute la population de la ville à la s lennité du Congrès. Pour la circonstance, elle avait organisé nne magnifique exposition internationale et des fêtes populaires quotidiennes qui attirèrent de nombreux visiteurs.

Le Programme du Congrès lui-même était fort bien composé.

Les Congressistes, après avoir fait vérifier leurs pouvoirs, se sont réunis pour la première fois, au Théâtre de la Renaissance où devaient avoir lieu toutes les assemblées plénières, le lundi, à deux heures du soir. Ils comprenaient: 400 membres d'honneur, 1100 délégués, représentant 2.170.000 mutualistes.

Le bureau du septième congrès, tenu à Limoges en 1901, ayant à sa tête M. Bordes, a fait procéder à l'élection du bureau du huitième congrès.

M. Guist'hau, Président de la commission d'organisation, est acclamé Président et, de l'avis de tous, il s'acquitta de sa mission avec une vigilance, une impartialité et une distinction vraiment remarquables, qui ont amplement justifié la décoration de la Croix de la Légion d'honneur qu'il a reçue plus tard, à l'occasion de la Fête Nationale.

Puis on nomme : six vice-présidents appartenant aux diverses régions de la France qui tiennent toutes à être représentées au bureau ; un secrétaire général, M. Lecomte qui devait se faire admirer par son infatigable activité ; un trésorier et un trésorier-adjoint ; huit secrétaires ; dix questeurs ; enfin, un rapporteur général, M. Lacroix, de Bordeaux, qui devait remplir sa mission avec un talent qu'on a très remarqué.

Aussitôt après, les élus ont pris place au bureau ; M. Guist'hau, dans un langage plein de charme, a remercié les congressistes, pour leur empressement à répondre à l'invitation des mutualistes nantais, la Commission d'organisation, pour la grande somme de travail qu'elle avait fournie pendant la période de préparation ; les pouvoirs publics et les diverses administrations pour le concours empressé qu'ils ont prêté aux organisateurs ; enfin, il invite les Congressistes à travailler, à profiter du vent favorable, pour faire avancer la barque de la Mutualité vers le port.

De son côté, M. Lecomte, Secrétaire général de la Commission d'organisation et du Congrès, rend compte, en termes les plus heureux, des travaux de cette commission.

Enfin, les Congressistes, après avoir entendu la lecture, par M. Mabilleau, d'une importante lettre de M. Léon Bourgeois, qui ouvre magistralement les travaux du Congrès, se séparent en se donnant rendez-vous au sein des Commissions.

Le même jour, à huit heures du soir, la Ville de Nantes a offert un vin d'honneur aux congressistes et le vénérable M. Sarradin, réélu maire de la ville, leur a souhaité la bienvenue ; M. Mabilleau et d'autres orateurs ont loué la mutualité en de remarquables discours.

La semaine consacrée au Congrès fut remplie par quatre journées de travail, le mardi, le mercredi, le vendredi et le samedi ; une journée d'excursions, le jeudi à Saint-Nazaire et au Croisic pour les uns, sur les rives de la Sèvre pour les autres, deux réceptions de la plus grande cordialité, l'une par la municipalité de Chantonay, l'autre par les méridionaux établis à Nantes, et, enfin, un jour de fête, le dimanche de la Pentecôte, qui fut marqué par une imposante manifestation mutualiste à laquelle prirent part plus de 250 sociétés et de 40.000 personnes, dans un ordre si parfait qu'un des vice-présidents du Congrès pouvait dire : « J'applaudis et je pleure de bonheur; car, jamais de ma vie je n'ai vu rien de si beau, rien de plus saisissant ».

Les journées de travail furent occupées, le matin, par les réunions des Commissions chargées d'étudier les questions portées au programme, l'après-midi, par les travaux des rapporteurs des commissions, et la soirée, de huit heures à minuit, par les Assemblées générales.

Les Commissions étaient au nombre de cinq.

La première avait à s'occuper du groupement des Sociétés de Secours mutuels en Unions et en Fédérations.

La seconde avait à étudier la question capitale du Congrès, celle des Retraites ouvrières et, en outre, l'Assurance au décès et l'Hospitalisation.

La troisième avait un programme très chargé comprenant : la Mutualité maternelle, la Mutualité familiale, la Mutualité scolaire, la Mutualité agricole, la Dotation, le Placement gratuit, l'Assurance contre le chômage, les Caisses de Prêt d'honneur, la défense de la Mutualité contre la concurrence déloyale de la fausse mutualité et, enfin, la Propagande mutualiste.

La quatrième commission avait dans ses attributions : les questions médicales et pharmaceutiques, si importantes pour les Sociétés de Secours mutuels.

Enfin, la cinquième commission s'occupait des vœux.

Vos trois délégués n'ont pu évidemment suivre à la fois les travaux de ces cinq commissions; mais ils se sont rendus séparément à celles dont les travaux offraient le plus d'intérêt : M. Parain, à la deuxième ; M. Clouvel à la quatrième et moi-même à la troisième.

Nous avons suivi très attentivement les travaux de ces commissions très utilement préparés par les Prérapports de la Commission d'organisation; nous avons recueilli des notes, des documents, nous avons assisté à toutes les assemblées générales chargées de reprendre et de sanctionner les travaux des commissions et, après entente entre nous, nous avons été d'avis de vous présenter le Rapport qui suit :

Le Programme du Congrès étant très étendu, il n'est pas possible de faire le compte-rendu de ses travaux sans passer en revue très rapidement il est vrai, les œuvres multiples, dont le magnifique ensemble ne se voit que dans notre pays seul et constitue la Mutualité française.

Pour vous permettre de nous suivre plus facilement, nous avons renoncé à prendre l'ordre des travaux par commissions ; nous avons préféré suivre, avec vous, le travailleur au cours de sa vie, en montrant comment la Mutualité s'efforce de le protéger contre tous les risques qu'il court d'âge en âge, depuis les jours qui précèdent sa naissance jusqu'à sa mort et même jusqu'après sa mort si l'on songe à l'appui qu'elle prête à ceux qui lui étaient chers. Au cours de cet examen, nous signalerons, au passage, les décisions du Congrès au fur et à mesure qu'elles se présenteront.

On peut dire que la Mutualité, inspirée par ce qu'il y a de meilleur en l'homme, est aussi vieille que le monde : elle a été pratiquée, dans l'antiquité, par les collèges ouvriers romains, et par les ghildes germaniques ; dans l'ancienne France, par les groupements corporatifs.

Après la suppression des corporations par la Révolution, elle a commencé, pendant la première moitié du XIXe siècle, à se constituer en sociétés distinctes simplement tolérées par l'autorité qui voyait d'un œil inquiet toute tentative d'association démocratique ; leur nombre, qui était de 132 en 1822, s'est élevé à 340 en 1850. Mais la deuxième République leur accorda la reconnaissance légale par la loi de 1850 et, malgré l'étroite surveillance de l'Empire, leur nombre s'éleva à 4.410 en 1860, avec 27.000 sociétaires.

Enfin, la troisième République a favorisé son essor, en l'entourant de sa bienveillante sympathie et en lui donnant une véritable charte de liberté, par la promulgation de la loi du 1er avril 1898.

A mesure qu'elle grandissait et qu'elle voyait consolider sa situation légale, la mutualité se voyait combler d'encouragements, voire même de véritables privilèges. Ainsi, les Sociétés de Secours mutuels ont acquis la personnalité civile qui leur donne le droit de posséder des biens, des valeurs mobilières et, dans la limite des trois quarts de leur avoir, des valeurs immobilières; si un tiers leur fait du tort, elles peuvent se défendre, elles peuvent plaider; elles sont admises à verser les sommes les plus importantes à la Caisse des Dépôts et Consignations, en fonds libres ou en fonds commun inaliénable, au taux de faveur de 4 1/2 o/o ; elles peuvent contracter des assurances collectives aux Caisses de l'Etat, en profitant des abaissements de tarif que permet cette combinaison ; elles bénéficient d'importantes exemptions d'impôts; les communes leur doivent le local et les registres nécessaires à leur fonctionnement; une part des comptes des Caisses d'épargne tombant en déshérence leur est attribuée; l'Etat, les Départements et les Communes leur accordent des subventions de plus en plus importantes.

Grâce à ces avantages, à une liberté presque illimitée, aux progrès des travailleurs, les Sociétés de Secours mutuels se sont multipliées par milliers et ont vu le nombre de leurs membres s'accroître par millions.

Leur nombre qui n'était que de 11.825 en 1898 avec 1.909.479 membres, s'élève aujourd'hui à plus de 18.000 avec près de 4.000.000 de membres, un budget annuel de plus de 55.000.000 et un avoir total de près de 400.000.000 de francs.

Aujourd'hui, la Mutualité nous apparaît comme une déesse souriante et bienfaisante qui, pénétrée de la plus tendre sollicitude pour la démocratie laborieuse, s'applique à découvrir ses maux et à les soulager.

Prenant en considération la valeur infinie de l'homme au point de vue moral, comme au point de vue économique, elle le suit pas à pas, pendant toute sa vie, pour le soutenir matériellement et moralement dans les moments difficiles, et le protéger contre tous les risques qu'il peut courir.

Sous le nom de *Mutualité maternelle*, elle assure à sa

mère le repos et les soins qui lui sont indispensables avant, pendant et après sa naissance et, à lui-même, l'alimentation et l'entretien qui lui conviennent.

Sous le nom de *Mutualité scolaire*, elle l'accueille, tout enfant, pour former son éducation ; ouvrir son cœur et son esprit aux vertus sociales et préparer la sécurité et la dignité de sa vieillesse.

Sous le nom de *Mutualité militaire*, elle continue l'éducation sociale des militaires de passage et fait bénéficier de tous ses avantages les militaires de profession.

Sous le nom de *Mutualité d'adultes*, elle assure à ses adhérents des soins et des consolations, en cas de maladie ; une indemnité journalière, en cas de chômage résultant d'une maladie ; un emploi s'ils viennent à en manquer, un prêt d'honneur en cas de gêne ; une retraite pour leurs vieux jours.

Sous le nom de *Mutualité familiale*, ennemie du froid égoïsme, elle étend ses bienfaits à tous les membres de la famille du sociétaire, à sa femme gardienne vigilante de son foyer, à ses enfants espoir de l'avenir, à ses ascendants vénérés et, en cas de malheur, à sa veuve et à ses orphelins.

Enfin, de même qu'elle a groupé les individus en sociétés, par la toute-puissance de sa baguette magique, elle groupe les sociétés en unions, les unions en fédérations régionales et les fédérations régionales en fédération nationale, symbole de l'unité de la patrie, et, grâce à cette hiérarchie de groupes, grâce à la puissance des grands nombres, elle organise une hiérarchie correspondante de services nouveaux, la mise en subsistance, la mutation, la réassurance contre les maladies prolongées, l'hospitalisation des vieillards et des infirmes, l'assurance en cas de vie ou de décès, la dotation des enfants des sociétaires, et, non contente de soigner les malades, embrassant son devoir social dans toute son étendue, elle s'efforce, ce qui vaut infiniment mieux, de prévenir la maladie; elle organise des visites médicales périodiques auprès des adhérents ; elle prête un concours actif et vigilant à la lutte contre la propagation des maladies contagieuses, contre l'alcoolisme ruineux et dégradant, contre la hideuse tuberculose, elle lait la guerre au taudis infect et répugnant ; elle intervient auprès des autorités compétentes pour obtenir partout des établissements publics irréprochables ; elle veut, pour les travailleurs, des habitations saines et commodes et des jardins fleuris, afin de faire pénétrer en tous lieux, avec son influence moralisante, la santé et le bonheur.

Mutualité Maternelle

Historique

L'idée de la Mutualité maternelle a été conçue par un philanthrope parisien, M. Félix Poussineau, qui, à la suite d'une conférence de Jules Simon, au cours de laquelle le grand orateur avait déploré l'impossibilité où se trouvent les femmes salariées en couches, de s'accorder les quatre semaines de repos indispensables, fonda, à Paris, en 1891, la première mutualité maternelle avec le concours des Chambres syndicales de la Couture, de la Broderie et de la Passementerie.

Cette création ayant parfaitement réussi dans la capitale, son auteur voulut prouver qu'elle pouvait aussi prospérer en province, en pleine campagne, et fonda la Mutualité maternelle de Dammarie-les-Lys.

Un industriel de l'Isère, M. Bonnier, ayant eu connaissance de cette utile institution, l'introduisit à Vienne avec un plein succès.

Aujourd'hui, la Mutualité maternelle, activement patronnée par toutes les notabilités mutualistes, se répand dans les villes et dans les campagnes avec une rapidité extraordinaire.

Nécessité de la Mutualité maternelle

En dehors des considérations humanitaires les plus élevées, quelques chiffres suffisent pour faire ressortir la haute portée de cette utile institution.

En Allemagne, sur 1.000 femmes, on compte annuellement 158 naissances; dans l'espace de 30 ans, la population de ce pays s'est accrue de 16.000.000 d'habitants, sans compter les nombreux émigrants qui ont porté dans le monde entier leur langue, leur commerce et l'influence de la mère patrie.

En France, au contraire, sur 1.000 femmes, on ne compte que 103 naissances, de sorte que le chiffre de la population reste à peu près stationnaire et que, malgré l'étendue de nos colonies, l'importance relative de la nation française dans le monde diminue ; tandis que celle de l'Allemagne se développe prodigieusement.

Ce qui est réellement affligeant, c'est qu'on sait mal conserver la vie aux nouveaux-nés : en France, la mortalité des enfants de moins d'un an est de 27 o/o et sur 100 décès d'enfants d'un jour à un an, 46 se produisent durant les quatre premières semaines de la vie.

Objet

La Mutualité maternelle se propose de sauver la plus grande partie de ces précieuses existences en assurant, aux mères et aux enfants, les soins qui leur sont indispensables.

A Vienne, la Mutualité maternelle a enrôlé la plupart des jeunes femmes qui travaillent dans les usines. Elle leur procure :

1º Une indemnité de 12 francs par semaine, pendant les quatre semaines qui suivent l'accouchement, pour leur permettre de prendre un repos de pareille durée ;

2º Une prime de vingt francs si elles allaitent elles-mêmes leurs enfants ;

3º Les soins médicaux gratuits et les médicaments presques gratuits fournis au dispensaire de la Société qui a organisé, en outre :

Un rayon de layettes;

Un bureau de placement ;

Un refuge ouvrier où les sociétaires enceintes seront reçues pendant le dernier mois de leur grossesse ;

Une maison de convalescence pour les accouchées qui ne sont pas rétablies après un mois de repos ;

Des crèches où les enfants seront reçus et soignés, pendant le jour, jusqu'à l'âge de deux ans;

Une caisse de vieillesse.

A Paris, on signale, en outre, un service de consultations pour les nourrissons.

Résultats

Les bienfaits de la Mutualité maternelle ne se sont pas fait attendre: dans la plupart des cas, la santé de la mère est sauvegardée, ce qui fait qu'elle reste valide pour le travail comme pour de nouvelles maternités ; à Paris, la mortalité infantile est tombée de 30 à 6 o/o ; elle est presque nulle pendant les quatre semaines durant lesquelles la mère est assistée ; à Vienne, la mortalité a baissé dans les mêmes proportions qu'à Paris; à Dammarie-les-Lys, il n'y a pas eu de décès d'enfants de 0 à 10 ans, au cours des années 1902 et 1903. En même temps, les familles d'ouvriers, assurées d'être assistées, ont moins redouté la venue d'un enfant et la natalité a augmenté de 20 o/o à Vienne, de 26 o/o à Dammarie-les-Lys.

Décisions du Congrès

La Mutualité maternelle est donc une œuvre excellente à tous les points de vue ; elle peut contribuer dans une large mesure à enrayer la dépopulation de la France. Aussi la troisième commission du Congrès de Nantes a-t-elle apporté tous ses soins à l'examen des questions qui la concernaient.

La première question était la suivante :

« Comment comprenez-vous l'organisation de la mutualité maternelle ? »

Le Congrès y a répondu :

« 1° Là où il est possible de créer des mutualités maternelles avec les ressources locales, conserver à cette création la base des organisations autonomes.

« 2° Là où la création n'est pas possible, modifier les statuts des Sociétés de secours mutuels existantes de façon à y adjoindre les avantages de la Mutualité maternelle, se basant sur ce principe que la femme doit être admise à charges et avantages égaux dans les Sociétés de secours mutuels, ces dernières devant considérer l'accouchement et ses suites comme une maladie.

« 3° Dans tous les cas, en raison de liens étroits que cette organisation conserve, tant avec les nécessités du recrutement militaire qu'avec celles de la vitalité économique du pays, demander pour elle à l'Etat, aux départements et aux communes leur appui moral et matériel ».

Les conclusions, mises aux voix sont adoptées à l'unanimité.

...

La deuxième question était ainsi conçue :

« Déterminer les cotisations des mutualistes et les dépenses de l'œuvre. »

La troisième commission fait les propositions suivantes :

« La cotisation ne doit pas dépasser 3 francs par an, soit o fr. 25 par mois, pour les Sociétaires participantes et 1 franc par an et par membre des groupes adhérents aux Sociétés de secours mutuels ordinaires.

« Pour faciliter aux travailleurs leur admission à l'honorariat des Mutualités maternelles et leur permettre de faire œuvre de solidarité sociale, la cotisation annuelle des membres honoraires doit varier de 1 fr. à une somme supérieure à déterminer.

« Les dépenses doivent comprendre :

« 1° Les indemnités d'accouchement et les primes d'allaitement ;

« 2° Les frais de dispensaire médical.

« 3° Les frais d'administration et d'inspection.

« Elles peuvent être évaluées à une somme représentant environ cinq fois le versement des Sociétaires participants, d'où nécessité absolue de recruter un nombre important de membres honoraires et d'obtenir de très larges subventions des Pouvoirs publics ».

...

La troisième question était ainsi présentée :

« Nécessité d'augmenter les cotisations volontaires ou de réclamer une subvention de l'Etat, ou de faire voter une loi imposant l'obligation des cotisations. »

La Commission propose au Congrès la réponse suivante :

« Le Congrès émet le vœu qu'en raison de ce que les cotisations ne peuvent être augmentées et que les services rendus et à rendre par les Mutualités maternelles sont intimement liés à la question sociale, les Pouvoirs publics accordent une subvention très importante à ces sociétés dont le but intéresse le sort de la nation elle-même ».

La même commission a cru devoir faire suivre ces réponses des vœux suivants :

« *Premier vœu*. — Que, par l'intermédiaire des maires, l'Etat fasse remettre, à l'époque du mariage, aux nouveaux époux, un extrait des statuts modèles de Mutualité maternelle, lequel serait joint au livret de famille et distribué dans toutes les communes de France.

« *Deuxième vœu*. — Que l'Etat fasse le sacrifice momentané, de nature à diminuer dans l'avenir les charges d'assistance publique, de faire délivrer, lors des déclarations de naissance dans les mairies, un livret de la Caisse nationale des retraites pour la vieillesse, au nom du nouveau-né, comportant un versement uniforme de un franc par tête d'enfant, en modifiant les conditions d'obtention des livrets de la Caisse nationale des retraites en ce qu'elles ont de contraire à l'application du présent vœu.

« *Troisième vœu.* — Que, dans toutes les villes où il existe une Mutualité maternelle, les Sociétés d'adultes adhérent à cette Mutualité, afin de faire bénéficier de ses avantages les femmes de leurs participants et ce, moyennant une subvention annuelle de un franc par membre, sans exception.

« Que les femmes de sociétaires de toute Société de secours mutuels hommes puissent bénéficier des avantages de la Mutualité maternelle, à la condition que les Sociétés de secours mutuels s'engagent à verser une cotisation de un franc par femme de sociétaire, sans en excepter aucune, et quel que soit l'âge, ainsi que cela se pratique à la Mutualité maternelle d'Angers.

« *Quatrième vœu.* — Considérant que la question de la Mutualité maternelle est une des bases essentielles de la repopulation, qui intéresse directement le recrutement de l'armée, gardienne des travaux de la paix, émet le vœu que l'organisation de la Mutualité maternelle soit favorisée et encouragée par les subventions, reconnues nécessaires, du gouvernement de la République, des départements et des communes, au moyen de la création de Sociétés spéciales, de l'organisation des sections spéciales dans les Sociétés de secours mutuels qui donnent des secours en cas de maladie, et de l'assimilation par ces dernières Sociétés de l'accouchement et de ses suites à une maladie ».

Mutualité scolaire

La Mutualité scolaire a été conçue, il y a 24 ans, par M. Cavé qui était alors adjoint au Maire du XIXe arrondissement de Paris et Président d'une société de Secours mutuels.

Objet et Avantages

Ce généreux philanthrope, affligé de voir l'ouvrier parisien entrer dans les Sociétés de secours mutuels vers l'âge de quarante à quarante-cinq ans, trop tard, pour se constituer une pension de retraite digne de ce nom, comprit que le meilleur moyen de parer à cette funeste habitude est d'enrôler les enfants eux-mêmes dans la mutualité, dès l'âge le plus tendre, dans le double but de former de bonne heure leur éducation mutualiste et de les faire bénéficier des avantages considérables que les sociétaires retirent, en vue de leur pension de retraite, des versements opérés dès le jeune âge.

On se rend compte de ces avantages en considérant que dans les conditions de subventions et de taux d'intérêt, actuellement en vigueur, un versement annuel de quatre francs, au Fonds commun, produit, pour être touchée à partir de 62 ans, une retraite annuelle

de 241 francs quand les versements ont été faits de   3 à 17 ans
de 101,22 quand les versements ont été faits de   18 à 32 ans
de 39,19 si les versements ont été faits de   33 à 47 ans

Et pour les 14 dernières années seulement

de 12,50 si les versements ont été faits de   48 à 62 ans

Dans ces conditions, on voit que le sociétaire qui continuerait ses versements de 3 à 62 ans, se créerait, moyennant une cotisation bien minime, une pension annuelle de 394 francs qui serait la bienvenue pour ses vieux jours.

La Mutualité scolaire possède encore l'inappréciable avantage de retenir les anciens élèves autour de leur école et de les faire participer à des Cours professionnels gratuits, à des Conférences populaires, à des séances instructives et récréatives, à un service de placement gratuit.

Progrès

La première mutualité scolaire fut fondée à Paris, dans le XIXe arrondissement en 1881 ; en 1895-96, il n'y avait encore en France que 10 sociétés ; mais, à partir de cette date, M. Cavé consacra tout son temps à la propagande en faveur de cette nouvelle forme de mutualité: puissamment appuyé par la Ligue française de l'enseignement, par l'administration de l'Instruction publique et du Ministère de l'Intérieur, vaillamment secondé par M. Ed. Petit, il obtint des résultats merveilleux.

Il y eut	110	sociétés	en	1896-97
»	400	»	en	1897-98
»	871	»	en	1898-99
»	1497	»	en	1899-00
»	2017	»	en	1900-01
»	2734	»	en	1901-02
Et plus de	3000	»	en	1903

embrassant 13.000 écoles, avec plus 650.000 enfants, versant plus de 3.500.000 francs dont 800.000 francs, environ, pour les secours en cas de maladie et près de 2.700.000 francs pour les retraites.

Les trois Systèmes

Il y a aujourd'hui trois systèmes de Mutualité scolaire, le Système landais, le Système de M. Cavé et le système dit de la Commission interministérielle.

Le Système landais a pour but d'assurer, aux membres participants, des secours en cas de maladie et une dot pour leur majorité. Il est en vigueur dans le départements des Landes et dans un certain nombre de localités ; d'une portée sociale moins haute, que les suivants, il a l'avantage d'avoir des buts plus immédiats.

Tout le monde connait l'ingénieux mécanisme du *Système de M. Cavé;* voici comment nous l'appliquons à Thiers :

La cotisation étant de six francs (dix centimes par semaine plus 0,20 centimes par trimestre), il en est fait trois parts :

1° 0,80 centimes sont destinés à former un « Trésor d'Avenir » pour alimenter le service des Cours professionnels, des Conférences, de la Bibliothèque de la société et du Placement gratuit : les besoins intellectuels sont satisfaits aussi bien que les besoins matériels.

2° 3 fr. 60 sont versés, à capital réservé, au profit de la Société, chargée d'en disposer en faveur des héritiers du sociétaire, à la Caisse nationale des Retraites pour la Vieillesse, afin de munir chaque sociétaire d'un livret individuel de cette caisse et lui permettre de faire des versements facultatifs, à capital réservé ou à capital aliéné, pour élever le chiffre de sa pension, à son gré, et suivant ses moyens, jusqu'au chiffre maximum de 1.200 francs.

3⁰ Enfin, 2 fr. 60 sont destinés à faire face aux frais d'administration, aux secours en cas de maladie qui sont de 0 fr. 50 par jour, pendant le premier mois et de 0 fr. 25 pendant les deux mois suivants.

Les économies réalisées sur cette partie de la cotisation sont versées, chaque année, en Fonds commun inaliénable, non à la Caisses nationale des Retaites qui ne sert qu'un intérêt de 3 1/2 % tant que les fonds ne sont pas engagés au service des pensions, mais en Fonds commun à la Caisse des Dépôts et Consignations qui, conformément à l'article 21 de la loi du premier avril 1898, accorde un intérêt de faveur de 4 1/2 %.

Les versements à la Caisse des Dépôts et Consignations jouissent d'ailleurs des mêmes subventions de l'Etat que les versements à la Caisse nationale de Retraites pour la Vieillesse, qui sont pour les sociétés assurant le service de maladie et de retraites, sauf quelques restrictions pour les Sociétés de plus de 2000 membres : 1⁰ du quart du versement; 2⁰ de un franc par membre participant ; 3⁰ encore un franc par membre participant âgé plus de 55 ans.

Ces subventions se justifient, comme celles qui sont accordées aux autres sociétés de secours mutuels, par une double considération d'équité à l'égard de chaque sociétaire et de prévoyance de la part de l'Etat.

On comprend, en effet, que la part de cotisation d'un sociétaire, destinée au service de la retraite par le Fonds commun, est versée par lui à sa société à fonds perdus, tandis que la société, ne servant les retraites qu'à l'aide des intérêts de son Fonds commun, sans jamais toucher au capital de ce fonds qui est inaliénable, fait, en réalité, ses versements à la Caisse de Dépôts et Consignations, à capital réservé, ce qui ne lui permettrait pas de servir à ses membres des retraites aussi élevées que toute autre Caisse des Retraites qui aurait reçu leurs versements à capital aliéné, si l'Etat ne lui venait en aide, pour corriger cet état d'infériorité, à l'aide d'un taux d'intérêt de faveur et de très sérieuses subventions.

D'autre part, on conçoit que le capital des fonds communs des Sociétés de secours mutuels ne diminuant jamais, grossissant sans cesse, deviendra, avec le temps, grâce à la force de la solidarité entre les générations qui se succèdent, assez puissant pour permettre à ces sociétés de servir, à leurs membres âgés, des retraites dignes de ce nom, et que l'Etat, prévoyant pour lui-même tout en encourageant la prévoyance individuelle, a trouvé ainsi un moyen très sûr pour enrayer l'ascendance des dépenses de l'assistance publique qu'il paraît si difficile de mettre à l'abri du gaspillage.

Le Ministre de l'Intérieur et le Ministre de l'Instruction publique voyant que la mutualité scolaire est un instrument merveilleux pour combattre la misère, chargèrent une *Commission interministérielle* de rechercher la combinaison capable de produire, pour chaque membre, la retraite la plus élevée. Après avoir minutieusement examiné la question, cette commission a conseillé :

1° De continuer à faire de chaque sociétaire un déposant à la Caisse nationale des Retraites pour la vieillesse, mais en ne faisant verser, par la Société, qu'un seul franc, sur le livret individuel qui, ainsi, n'est plus appelé qu'à recevoir l'inscription des versements facultatifs.

2° Pour toutes les autres sommes destinées aux Retraites, de les verser, à la Caisse des Dépôts et Consignations, en Fonds commun inaliénable, pour arriver ainsi à obtenir les résultats que nous avons signalés plus haut, d'après les travaux mêmes de cette commission.

3° Pour les sociétés qui tiennent absolument à pouvoir reverser, aux héritiers des sociétaires décédés, le capital produit par la moitié de la cotisation destinée jusqu'ici à être versée à capital réservé à la Caisse nationale des Retraites, de reconstituer ce capital à l'aide d'une prime de 0.60, un sou par mois, ajoutée à la cotisation ou prélevée sur cette cotisation et placée, en Fonds libres, à 4 1/2 %, à la Caisse des Dépôts et Consignations.

A Thiers, nous aurons à demander aux Membres de la Mutualité scolaire s'ils désirent accepter ces réformes.

Mutualités scolaires et Mutualité d'adultes

Dans beaucoup de localités, la Mutualité scolaire, après avoir groupé de nombreux adhérents, les voit se disperser avec une extrême facilité, au grand détriment de ceux qui partent, mais aussi au grand avantage de ceux qui restent; cela tient, suivant nous, à ce que, en beaucoup d'endroits, les sociétés scolaires ont été organisées hâtivement; que beaucoup de fondateurs ne voyant pas assez que la mutualité scolaire n'est scolaire que parce qu'elle naît et se développe dans l'école, se sont attachés surtout à grouper des élèves qui ont cessé leurs versements dès qu'ils ont eu quitté l'école, tandis que, en groupant avec les élèves actuels, les anciens élèves, adolescents ou même adultes, ils auraient formé une société solide dans laquelle ils auraient trouvé des administrateurs et avec laquelle ils auraient constitué une véritable garde d'honneur à l'école elle-même.

C'est précisément l'intention qu'avait M. Cavé. En attirant l'enfant dans la Mutualité scolaire, il avait l'ambition de l'y retenir toute sa vie mutualiste active, afin de le lui permettre de se constituer une retraite aussi élevée que possible.

Mais alors, dans les localités pourvues de Sociétés d'adultes, celles-ci se sont émues; elles ont redouté la possibilité d'une concurrence et se sont appliquées à l'écarter en recherchant les moyens les plus avantageux de faire passer les membres de la société scolaire dans leur propre sein : c'est la question dite du Pont que le Congrès avait à résoudre, et qui ne se pose évidemment que dans les localités où il y a déjà des sociétés d'adultes ; car, partout ailleurs, il appartient à la Mutualité scolaire de conserver ses membres quel que soit leur âge, de fonder une section pour les adultes, qui assurera à ceux-ci, moyennant une augmentation de cotisation convenable, des secours de maladie, en rapport avec les besoins de leur âge.

A Thiers, nous considérons la Mutualité scolaire, non comme une rivale, mais comme une pépinière des sociétés d'adultes. Nous engageons ses adhérents à lui rester fidèles pendant toute leur vie mutualiste pour que leur retraite se rapproche le plus possible du maximum légal qui, dans le cas des sociétés subventionnées par l'État est de 360 francs. Mais, quand ils ont atteint l'âge de seize à dix-huit ans, au lieu de former, pour eux, une section spéciale d'adultes, nous leur conseillons vivement, d'obéir à l'éducation mutualiste qu'ils ont reçue à l'école et d'entrer dans les sociétés existantes.

Dans ces conditions, la Mutualité scolaire devient un complément très précieux des sociétés d'adultes surtout au point de vue des retraites.

Le Pont

Mais, dans les localités où l'on ne comprend pas ainsi le rôle de la Mutualité scolaire, il y a lieu de faciliter l'entrée des mutualistes scolaires dans les Mutualités d'adultes.

Pour que le passage d'une société scolaire dans une société d'adultes, comme aussi la mutation d'une société scolaire à une autre société scolaire et d'une société d'adultes à une autre société d'adultes, soit possible, sans que les intérêts du sociétai... des sociétés soient lésés, il est indispensable que chaq... société ouvre à chacun de ses membres participants, un compte relatant sa part proportionnelle dans le Fonds initial, et, année par année, sa part dans le total des parts de ses co-associés décédés ou radiés, ainsi que sa part dans les augmentations annuelles de ce fonds, qu'elles viennent de versements sociaux ou de subventions de toutes sortes, et que chaque sociétaire soit muni du *Livret de pension mutualiste* imaginé par M. Cavé pour mettre chaque titulaire en possession du relevé de son compte et lui permettre de suivre, pas à pas, les accroissements successifs de sa retraite éventuelle.

Dès lors, si l'on considère que l'Administration admet aujourd'hui que les quinze années de sociétariat exigées par la loi pour le droit à pension, peuvent être réalisées, consécutivement ou non, dans plusieurs sociétés, deux sociétés quelconques, ou même toutes les sociétés d'une Union ou d'une Fédération, peuvent très bien, tout en conservant l'indépendance absolue de leurs finances respectives, adopter une convention comme la suivante :

Projet de Convention

1° En cas de changement de résidence, les membres

participants de l'une des Sociétés qui adhèrent à la présente convention, sont admis, dans les autres sociétés également adhérentes, sans être soumis à aucun stage ni à aucun droit d'entrée, à la condition de présenter leur livret en règle jusqu'au jour à partir duquel ils demandent leur admission, ainsi qu'un certificat du Président de la société qu'ils quittent, constatant qu'ils ont rempli toutes leurs obligations envers cette société.

2° La société que quitte le mutualiste remet s'il y a lieu à la société qui l'admet le montant de ses cotisations destinées à la Caisse nationale des Retraites non encore déposées à son livret individuel;

3° Les obligations et les droits du mutualiste admis dans une nouvelle société sont identiques à ceux de tous ses nouveaux coassociés sans aucune réserve;

4° Chacune des sociétés contractantes conserve les droits et les obligations qui résultent de ses propres statuts à l'égard des sommes qui lui seraient remboursées, par la Caisse nationale des Retraites.

Avantages de la Convention

Grâce à l'adoption générale de cette convention, le mutualiste obligé, par les nécessités de la vie, de se déplacer à titre définitif, pourra ainsi aller de société en société, en emportant son livret individuel de la Caisse nationale des Retraites et son livret de pension mutualiste, sans rien perdre de ses droits acquis, jusqu'à l'âge où il voudra prendre sa retraite, à la condition d'avoir les 50 ans d'âge et les 15 ans de sociétariat exigés par la loi.

A cette époque, l'état de ses versements sur son livret individuel établira la pension qui lui sera due par la Caisse nationale de Retraites pour la Vieillesse; quant à celle qui lui sera due par les Fonds communs des sociétés dans lesquelles il aura passé, elle sera facilement évaluée, d'après les indications de son livret de pension mutualiste, et il lui suffira de prier le bureau de sa dernière société de faire parvenir ce livret au ministère de l'Intérieur qui aura à le vérifier et à délivrer, à son titulaire, un certificat de pension à servir par les différentes sociétés dont il aura fait partie.

Toute la difficulté de l'opération de la Mutation pèse sur les sociétés qui auront à tenir une comptabilité délicate et compliquée et qui auront à se faire fournir annuellement, par la Caisse des Depôts et Consignations, conformément au dernier paragraphe de l'article 27 de la loi du 1er avril 1898, la liste très exacte de leurs membres retraités décédés au cours de l'année précédente.

Décisions du Congrès

Pour en revenir à la question du Pont, il est évident, pour tout le monde, qu'elle doit être résolue, quand il y a lieu, en tenant compte de l'état de développement de la Mutualité dans la localité intéressée et que, par conséquent, il n'y pas une solution unique de cette question, mais autant de solutions que de cas particuliers. C'est pour cela que la troisième commission du Congrès et le Congrès à sa suite, décidèrent de ne pas répondre directement aux questions concernant le Pont.

Ces questions étaient ainsi conçues :

« 7e Question. — Quels sont les moyens à employer pour faciliter le passage des Mutualités scolaires dans les sociétés d'adultes ?.

« 8e Question. — La Mutualité post-scolaire (associations d'anciens élèves, patronages, etc.) peut-elle dans certains cas, servir de trait d'union entre les sociétés scolaires et les sociétés d'adultes ?.

« 9e Question. — Sous quelles conditions les Sociétés d'adultes peuvent-elles créer des sections de pupilles comme annexes ?.

« 10e Question. —Comment comprenez-vous la mutation:

« 1° De société scolaire à société scolaire ?

« 2° De société scolaire à société d'adultes ?

« Mais la Commission proposa au Congrès de voter les dispositions suivantes :

« Le Congrès, convaincu de la nécessité de faciliter le

passage des membres des Sociétés de mutualité scolaire entre elles, et des mutualistes scolaires dans les Sociétés adultes, émet le vœu ;

« 1º Que les Conseils d'administration de ces diverses catégories de Société se mettent en relation à l'effet de faciliter ces mutations dans des conditions qui sauvegardent à la fois les droits des permutants et les intérêts des Société ;

« 2e Que les ministères compétents veuillent bien en ce qui les concerne, et dans le sens indiqué plus haut, prendre, d'accord avec le Conseil supérieur de la Mutualité, les mesures nécessaires ;

« 3º Que là où il n'existe pas de Sociétés de secours mutuels d'adultes, les associations d'anciens et d'anciennes élèves étudient le moyen d'en fonder une ;

« 4º Que, pour faciliter les relations entre Sociétés scolaires et d'adultes, des Comités mixtes soient créés dans chaque localité ; les conditions de ces mutations pourront, autant que possible, être arrêtées par départements ou unions départementales ».

La solution de la question du Pont nous conduit directement à la Mutualité d'adultes.

Mutualité entre Adultes

La Mutualité entre adultes exerçant la même profession ou des professions similaires, ou entre adultes habitant la même commune, le même canton ou simplement le même quartier, est une réminiscence de ce qui se faisait dans les corporations de l'ancienne France et, en même temps, un besoin des cœurs généreux et une nécessité sociale.

Les Risques

La maladie atteint, en effet, annuellement un ouvrier sur trois et lui impose de 20 à 25 jours de chômage.

En France, chaque année, sur 10.000.000 de travailleurs, 172.000 sont blessés par accidents; 50.000 sont frappés d'incapacité de travail; 200.000 ouvriers atteignent la soixantaine et sont condamnés, par l'âge et les infirmités, à une inaction plus ou moins complète; enfin 164.000 sont frappés par la mort naturelle et 7.500 par la mort accidentelle, laissant derrière eux 115.000 veuves, 230.000 orphelins et 10.000 ascendants dans le besoin.

Que de malheureux à consoler ! Que de misères à soulager !

En face de tant de maux, de tant de risques, l'individu isolé est impuissant ; mais les travailleurs, habitués à courir en commun les chances de la vie, se souviennent que l'Union fait la force ; ils s'adressent les uns aux autres et se disent : « Aimons-nous, aidons-nous; soutenons-nous en toute circonstance, par le Secours mutuel » et il arrive que l'Association fait sans peine ce que ne pouvait faire l'individu réduit à ses seules forces; que les risques sont couverts, dans la mesure du possible; que les malheureux sont consolés et que la sécurité, bien inestimable, règne, autant qu'on peut l'espérer, dans la famille ouvrière.

Les Services

Pour faire face aux différents risques qui menacent leurs membres, les Sociétés de Secours mutuels s'attachent à organiser d'une manière de plus en plus parfaite :

1º *Le Service médical* qui leur coûte annuellement 4.250.000 francs, soit 10 fr. 71 par malade et 3 fr. 66 par membre participant, dans les Sociétés approuvées, et 12 fr. 54 par malade et 4 fr. 11 par participant, dans les Sociétés libres;

2º *Le service pharmaceutique* qui, en 1900, a coûté aux sociétés approuvées 4.600.000 fr., soit 14 fr. 88 par malade et 5 fr. 08 par membre participant et, aux Sociétés libres, 801.287 fr. c'est-à-dire, 19 fr. 77 par malade et 6 fr. 62 par membre participant.

3º *L'indemnité journalière* pour chômage résultant de la maladie qui, en 1900, a coûté, à 7.264 sociétés 7.574.747 fr., soit, pour 5.502.641 journées et 255.717 malades, 21 jours 1/2 par malade, 5,91 journées par membre participant, 29 fr. 62 d'indemnité individuelle et 1 fr. 38 par journée de maladie.

4° *Le Service de la Retraite* par lequel 13.000 sociétés sur 18.000 assurent, à leurs vieux membres, des pensions viagères de 30 à 360 fr. et dont la moyenne, en augmentation constante, atteint actuellement environ 100 francs.

5° *Les frais funéraires*, les Secours aux veuves et aux orphelins, etc.

Les Ressources

Pour réaliser la noble mission dont elles se sont chargées, les Sociétés de secours mutuels d'adultes ont prélevé en 1901, sur leurs membres participants plus de 27.000.000 fr. de cotisations, ont retiré près de 6.300.000 fr. de leur fonds placés et près de 6.116.000 francs du produit des amendes, des fêtes et autres recettes diverses.

De plus, elles ont été aidées, dans leur tâche, par les subventions des communes, des départements et de l'Etat, qui se sont élevées à 3.436.000 francs ; par les membres honoraires qui leur ont versé près de 3.500.000 francs ; par les médecins et les pharmaciens qui leur accordent généralement des conditions de faveur.

Il n'est que juste que les pouvoirs publics et les particuliers, qui peuvent le faire, viennent en aide aux sociétés de secours mutuels, car elles sont, en très grande majorité, composées de salariés qui ne marchandent pas leur concours à la chose publique, puisqu'ils contribuent vaillamment à la prospérité générale par le travail de leurs mains ou de leur intelligence et qu'ils assurent la prospérité de la plupart de nos industries en supportant, en qualité de consommateurs, la plus lourde part des droits protecteurs qui frappent les produits de consommation et qui, en dernière analyse, retombent principalement sur eux.

De leur côté, les médecins et les pharmaciens ont infiniment raison d'être bienveillants pour les Sociétés de Secours mutuels : elles sont, pour eux, de précieux auxiliaires ; elles vulgarisent le recours au médecin et au pharmacien ; elles exigent l'intervention de l'homme de l'art dans une infinité de cas où le simple particulier se prive de ses services et, enfin, elles transforment bien souvent un insolvable en client solvable.

Organisation des Services

Les administrateurs des Sociétés de secours mutuels, pénétrés de l'importance de leur mission, de la gravité de la responsabilité qui pèse sur eux, s'appliquent à organiser les différents services sociaux de la manière la plus économique.

Le Service médical est rémunéré, suivant les localités, d'après trois systèmes :

1° *A Forfait :* La société verse annuellement, au médecin, une somme convenue moyennant laquelle ses membres reçoivent les visites nécessaires ; par ce moyen, elle sait au préalable ce que lui coûtera ce service, ce qui lui permet de dresser son budget.

2° *A la visite :* système qui ne permet plus de dresser un budget mais qui est généralement préféré par les médecins et par les malades eux-mêmes qui ont la faculté de choisir leur praticien ;

3° *A l'abonnement,* système par lequel le médecin est rétribué proportionnellement au nombre de membres qui ont préalablement déclaré être ses clients et qui, comme le premier, permet à la société d'établir un budget.

Le Service pharmaceutique peut ainsi être assuré par trois systèmes :

1° *A l'ordonnance et au rabais,* ce qui donne des dépenses variables d'année en année ;

2° *A l'abonnement,* ce qui délivre les sociétés de l'incertitude des dépenses et du souci du contrôle.

3° Enfin, conformément à l'article 8 de la loi du premier avril 1898, par des *pharmaciens mutualistes* qui donnent des résultats généralement fort avantageux.

L'Indemnité journalière a pour but de compenser partiellement, pour le malade, la privation de salaire causée par le chômage involontaire dû à la maladie ; elle ne doit jamais égaler, encore moins dépasser le taux journalier du salaire ; il faut tendre à la réduire pour les maladies de courte durée et à l'élever pour les maladies prolongées ; d'ailleurs, elle doit être limitée dans sa durée : le malade devant être confié aux soins des Unions.

Les Retraites ont été constituées jusqu'ici par les moyens suivants :

1° Par *des allocations annuelles* provenant des économies ou des sommes disponibles de l'année ou des revenus des fonds placés ;

2° Par le moyen du *Livret individuel de la Caisse nationale des retraites* qui constate les versements faits par la société au profit du titulaire, ainsi que les versements facultatifs de celui-ci ; il permet au sociétaire de se retirer de la société sans rien perdre des versements portés sur son livret ; mais, par ce système, les fonds sont placés à un taux qui est actuellement de 3 1/2 % et qui est essentiellement variable et peu avantageux.

3° Par la *Constitution d'un fonds commun inaliénable de retraites* qui se capitalise aux taux de 4 1/2 %, quand il est placé à la Caisse des Dépôts et Consignations, et seulement aux taux de 3 1/2 %, quand il est confié à la Caisse Nationale de Retraites pour la Vieillesse, avec cette observation qu'à cette dernière Caisse, les sommes engagées pour le service des pensions en cours rapportent aussi 4 1/2 %, en vertu de l'arrêté du Ministre de l'Intérieur du 3 septembre 1903. Le fonds commun a donc l'avantage de jouir d'un taux d'intérêt de faveur et de retenir le Mutualiste dans sa société d'origine tant que ses arrérages n'ont pas été mobilisés par l'emploi du *Livret de pension mutualiste* dont nous avons parlé plus haut, l'occasion de la Mutation.

4° Enfin, les trois systèmes que nous venons d'énumérer peuvent être combinés entre eux, de différentes manières, pour assurer aux sociétés et à leurs membres les avantages des uns et des autres.

Quand **le service des frais funéraires** donne lieu à

des dépenses égales pour tous les sociétaires, il y a lieu de rechercher, s'il n'y a pas avantage à se procurer cette somme par une assurance contractée à une Caisse spéciale.

Questions soumises au Congrès

Les questions soumises au Congrès concernant particulièrement les Sociétés de secours mutuels considérées à l'état isolé sont :

La question des Retraites étudiée par la 2e commission ;

Le prêt d'honneur rapporté par la 3e commission ;

Les questions médicales et pharmaceutiques traitées par la quatrième commission.

Les Retraites Ouvrières

La question des Retraites ouvrières est du domaine du Parlement qui a seul qualité pour la résoudre ; mais la manière dont elle sera tranchée aura une grande influence sur l'avenir des Sociétés de secours mutuels qui, suivant le cas, en recevront une atteinte mortelle ou une impulsion extraordinairement féconde.

Les divers Systèmes

Plusieurs systèmes sont en effet en présence :

D'après le premier, le législateur, constatant que tout vieillard sans ressource, tombe à la charge de l'Etat, admet qu'aucun individu n'a le droit d'être malheureux et oblige, par la loi, tous les salariés à subir, sur leur salaire, un prélèvement destiné, avec une égale contribution des patrons et de l'Etat, à former les éléments d'une pension de retraite qui leur sera servie à un âge déterminé : c'est *le système de l'obligation*, en vigueur en Allemagne et en Autriche.

Suivant un autre système, l'Etat se contente de mettre, à

la portée des salariés, des institutions subventionnées offrant toute sécurité pour recueillir leurs versements en vue de la retraite et leur laisse la faculté de s'en servir ou de ne pas s'en servir : c'est *le système de la liberté* qui jusqu'ici a triomphé en Suisse, en Belgique et en Angleterre.

Enfin, un troisième système tend à concilier les deux premiers : il oblige chaque salarié à se constituer une pension de retraite ; mais il lui laisse la faculté de choisir les moyens qui paraissent devoir lui fournir les résultats les plus sûrs et les plus avantageux ; de telle sorte qu'il peut confier ses versements soit à une compagnie d'assurances mutuelles ou par actions, soit à la Caisse nationale des Retraites, soit à une Caisse autonome créée dans ce but, conformément à la loi du 1er avril 1898, soit enfin à la Caisse d'un syndicat ou d'une société de secours mutuels : c'est le système de *la liberté dans l'obligation*.

D'autre part, ce n'est pas tout d'amener, de gré ou de force, les salariés à faire des versements en vue d'une pension viagère pour leur vieillesse, il y a lieu aussi de rechercher comment il faut utiliser ces versements pour en tirer le meilleur parti. Beaucoup de sociétés de secours mutuels, les sociétés scolaires, par exemple, ont résolu la question, en créant, comme nous l'avons vu, des fonds communs inaliénables de retraites qui s'augmentent progressivement et indéfiniment des versements de chaque année et dont les intérêts seuls seront employés au service des retraites quand il y aura lieu : c'est *le système de la capitalisation*.

On comprend que ce système s'impose aux sociétés scolaires qui enrôlent des adhérents encore enfants ; mais lorsqu'on envisage le problème des retraites ouvrières, ont voit qu'avec ce système les personnes actuellement déjà avancées en âge n'auraient rien à espérer. Faut-il donc que les vieux travailleurs contemporains renoncent à l'espoir de toucher une retraite ?

Avec le système de l'obligation, les versements des ouvriers, des patrons et de l'Etat, constitueront un véritable impôt qui mettra chaque année, des sommes considérables à la disposition des Caisses de retraites. Dès lors, pourquoi ne pas partager, chaque année, ces sommes entre les vieillards existants ? Ne serait-ce pas le meilleur moyen d'éviter les troubles économiques qu'occasionnerait certainement l'accumulation de capitaux formidables dans les Caisses publiques par l'application du système de la capitalisation, et de permettre aux Vétérans du travail de jouir, tout de suite, des bienfaits de la loi sur les retraites ouvrières ? Beaucoup de gens se laissent séduire par ce système connu sous le nom de *Système de la Répartition.*

Enfin, d'autres personnes, cherchant à concilier les deux derniers systèmes proposent d'adopter simultanément le système de la répartition, dans une proportion à déterminer, les 9/10 par exemple, et le système de la capitalisation pour l'autre dixième, ce qui permetrait de donner satisfaction à la génération présente et de constituer un Fonds national de retraites qui, sans atteindre des proportions dangereuses, rendrait de grands services aux générations futures.

Ainsi, Obligation et Liberté d'une part, Capitalisation et Répartition, d'autre part, se disputent l'attention des réformateurs et soulèvent les questions les plus délicates, les problèmes sociaux les plus ardus. Chaque système a des avantages et des inconvénients qui donnent lieu, entre professionnels, aux discussions les plus intéressantes : véritables batailles d'idées qui passionnent souvent ; mais qui finissent toujours par s'apaiser devant un commun idéal de philanthropie et de justice sociale.

La place et le temps nous manquent pour donner un aperçu même résumé de ces instructives controverses ; qu'il nous suffise de dire que, en dehors de toute préoccupation d'école, les mutualistes réunis à Nantes étaient surtout dominés par le souci de sauvegarder l'avenir des sociétés de secours mutuels qui ont déjà rendu de si grands services à la démocratie laborieuse et qui en rendront de bien plus grands encore, à mesure qu'elles avanceront dans la voie de progrès où elles se sont engagées.

Prérapport de M. Guist'hau

Dans le Prérapport de la deuxième commission du comité d'organisation, M. Guist'hau avait déjà exposé la question avec une remarquable lucidité.

Après avoir résumé les Rapports fournis par les sociétés adhérentes au Congrès et constaté que la plupart d'entre eux concluaient en faveur de la Liberté, que ceux qui allaient jusqu'à l'obligation ne l'admettaient pas sans demander la liberté des moyens, il émettait l'avis que la Mutualité convenait admirablement pour organiser les retraites ouvrières.

Passant ensuite à l'examen des moyens dont les sociétés de secours mutuels disposent pour organiser ces retraites et avoir signalé l'accord unanime des mutualistes pour écarter les *Compagnies d'assurances* dont les services sont trop onéreux, il avait retenu et exposé en détail quatre systèmes, savoir :

Le système des caisses régionales prévues par la loi du 1er avril 1898, qui n'a pas trouvé encore beaucoup de succès auprès des sociétés de secours mutuels, à cause des exigences du règlement sur la matière.

2° Le système qui consiste à *aliéner la partie du fonds commun provenant des cotisations des membres participants*, afin de permettre à ceux-ci de bénéficier, dans la plus large mesure, des cotisations qu'ils se sont imposées.

3° Le système d'après lequel la retraite ouvrière serait constituée par *la combinaison du fonds commun inaliénable alimenté par la société et des Fonds libres* organisés en Société spéciale pour recevoir les subventions de l'État, ainsi que les versements des patrons et des ouvriers.

4° Enfin, *le système des Fédérations* conçue de façon à permettre au travailleur de se constituer une retraite de 360 fr. grâce à un versement mensuel de 1 fr. et à des subventions de l'État combinées avec l'action des groupements de sociétés de de secours mutuels.

Malgré la valeur de ce travail, la question posée devant le Congrès restait entière.

La Discussion devant le Congrès

Partagés entre le désir bien naturel de défendre les intérêts des sociétés de secours mutuels et la volonté de voir enfin aboutir la question des retraites ouvrières, les Congressistes paraissaient indécis.

En commission, après une longue et laborieuse discussion la majorité se prononça en faveur de la Liberté.

En assemblée générale, la lutte, quoique toujours parfaitement courtoise, fut encore plus vive : de nombreux orateurs s'étaient fait inscrire pour prendre alternativement la parole pour ou contre la liberté.

MM. Vermont, de Rouen, ancien député, membre du Conseil supérieur de la Mutualité et président de l'une des plus importante sociétés de secours mutuels de France ; Arboux, secrétaire général de la Ligue nationale de la Prévoyance et de la Mutualité, L'Heude, Favart, Ouvrard s'appliquent à faire ressortir la valeur morale et sociale de la liberté qui est le stimulant le plus précieux de la vie civique et opposent les résultats magnifiques qu'elle a déjà obtenus à l'onéreuse impuissance de l'obligation qui, en Allemagne, éteint la vie des sociétés si exubérante dans les pays libres et, malgré une coûteuse armée de fonctionnaires, laisse sept millions de travailleurs sur 20 en dehors de son action ; car il ne suffit pas de décréter des prélèvements sur les salaires des ouvriers et sur les patrons, il faut encore que tous les ouvriers aient un salaire régulier et des patrons, et beaucoup d'entre eux n'y arrivent pas.

M. Carayon, Instituteur à Nîmes, doué des dons les plus précieux de l'orateur, répond que trop de travailleurs restent en dehors des sociétés de secours mutuels, que l'Etat doit relever la condition des vieillards et combattre la misère comme il combat l'ignorance, autre plaie sociale, par l'obligation qui bien appliquée ne nuira en rien aux Sociétés de Secours mutuels ; M. Reynaud, ouvrier de Toulouse, est aussi partisan de l'obligation ; mais, à l'aide d'une démonstration qui fait une profonde impression sur l'Assemblée par sa sincérité, prouve que le budget d'un ouvrier ne peut pas supporter de nouvelles charges et que l'Etat doit faire les retraites ouvrières avec le produit du monopole des assurances ; M. Sarraute, également de Toulouse, fait aussi entendre une chaleureuse invitation au Congrès à voter l'obligation par esprit de solidarité sociale.

Jusque là, la majorité paraissait toujours indécise ; mais M. Mabilleau, directeur du Musée social, Président de la Fédération nationale des Sociétés de Secours mutuels prend la parole : il fait remarquer que la question posée au Congrès : Liberté ou obligation est trop absolue ; que la liberté n'étant trop souvent que l'impuissance ou l'égoïsme, il y a lieu, dans la pratique de la vie sociale, de la corriger de la compléter par l'idée de la solidarité ; il ajoute que, dans le sytème des partisans de la liberté, la liberté elle-même n'est pas complètement respectée puisqu'ils admettent et sollicitent les subventions des pouvoirs publics, subventions provenant toujours de la poche du contribuable qui est loin d'être libre de payer ou de ne pas payer ; puis, au système de la liberté, il oppose l'obligation pure et simple qui, en imposant une règle uniforme à tous les travailleurs, quelles que soient leurs préférences personnelles et quels que soient leurs efforts antérieurs dans le sens de la retraite, est étroite et oppressive, et la liberté dans l'obligation elle-même qui, quoique fort séduisante, laisse subsister de graves objections.

Après avoir ainsi éliminé les différents systèmes en présence, il fait observer que ce qu'il y a de plus redoutable dans l'obligation, c'est non l'obligation elle-même, mais son objet, la retraite, qui est excellent par lui-même, mais qui a le tort très grave d'exclure les autres formes de la prévoyance comme le secours en cas de maladie et même celles qui ont un but moins égoïste, comme l'assurance-vie et l'assurance-décès ; que, dans ces conditions, la mutualité ne pouvant prétendre avoir résolu entièrement le problème des retraites ouvrières, il y a lieu, pour elle, de ne pas repousser le concours de la loi et de se borner à demander que cette loi favorise les sociétés de secours mutuels, par exemple, en reconnaissant que le mutualiste remplit, par le fait même de son adhésion à une société de ce genre, son devoir de prévoyance et qu'il n'y a pas lieu de lui imposer l'obligation.

Dès lors, dit-il, les travailleurs, pour échapper à la contrainte seraient incités à entrer dans les sociétés de secours mutuels qui leur offriraient un ensemble de services les protégeant contre tous les risques : maladie, accident, chômage involontaire, assurances diverses, ce qui permettrait à l'État de transformer peu à peu ses œuvres d'assistance, si onéreuses et si inefficaces, en des opérations de prévoyance, et à tous ceux qui en profiteraient de s'élever à la dignité d'hommes libres et utiles, au lieu de croupir, par indifférence ou impuissance, dans le domaine de l'obligation.

Décisions du Congrès

Enfin, constatant qu'un pareil résultat serait bien fait pour réjouir tous les amis de la démocratie, il propose au Congrès de voter la motion suivante :

« Le Congrès,

» Convaincu que la Mutualité, soutenue par les divers concours sociaux et encouragée par les pouvoirs publics, est le meilleur moyen de réaliser toutes les institutions de prévoyance sociale ; mais, soucieux de voir constituer des pensions de vieillesse suffisantes au profit de tous les travailleurs sans exception, ne se croit pas en droit de repousser l'aide éventuelle de la loi dans cette entreprise, pourvu que l'établissement d'un système obligatoire respecte absolument l'autonomie et la variété des œuvres mutualistes et que l'accès de ses œuvres, toujours préférables pour l'intérêt comme pour la dignité des travailleurs, reste ouvert à tous les assurés par la reconnaissance de la liberté des moyens et de l'équivalence des services.

» Emet le vœu que les retraites ouvrières soient organisées par la mutualité, avec l'aide et sous le contrôle de l'Etat, ou tout au moins que l'Etat organise ce service sur les bases et avec le concours des Sociétés de secours mutuels. »

Ce vœu qui était signé de MM. Mabilleau, Cavé, docteur Gyoux, Lacroix, Ganaut, Pagès, membres du Conseil supérieur de la Mutualité, fut voté à l'unanimité moins trois voix.

Les autres questions soumises au Congrès relativement aux retraites concernaient plus particulièrement les moyens propres à favoriser le développement des retraites mutualistes.

Dans cet ordre d'idées, la 2ᵉ commission proposa au Congrès le vote des vœux suivants :

« Que le Sénat fasse aboutir promptement la loi d'assistance aux vieillards, aux infirmes et aux incurables, votée par la Chambre des Députés, le 15 juin 1903, en utilisant, autant que possible, le concours des services gratuits de la mutualité pour l'organisation de cette assistance en transformant cette loi de manière que ceux qui ont épargné aient une pension plus élevée que ceux qui n'ont pas épargné.

» Le Congrès estime que les moyens pratiques de mise en application du principe de la liberté, sont : 1° l'augmentation des subventions ; 2° l'organisation de caisses régionales ; 3° le libre usage des intérêts disponibles du fonds commun ; 4° une extension de la propagande.

» Que, sans attendre le vote d'une loi sur les retraites :

» 1° L'article 28 de la loi de 1898 soit modifié par l'élévation du maximum de pension qu'il prévoit :

» 2° Les dons et legs faits aux Sociétés de secours mutuels ne soient soumis qu'à un droit fixe de 1 franc ;

» 3° Toutes les pensions mutualistes qui ne dépassent pas 360 francs soient majorées de 25 % ;

» 4° La subvention de capitalisation pour les retraites soit portée de 0 fr. 50 à 1 franc.

» Avant d'arrêter le fonctionnement de leurs retraites, les sociétés devront déterminer si elles veulent faire de la retraite non garantie ou de la retraite garantie. Le choix de ce dernier mode qui a de grands avantages, mais qui impose des obligations strictes, pourra les incliner au choix du livret individuel de la caisse nationale ou de la caise autonome.

» Qu'une commission soit nommée pour étudier la constitution d'une ou de plusieurs caisses, mutualistes autonomes, pour les retraites, ayant des tables et barèmes scientifiques et accordant des pensions au moyen de livrets mutualistes de retraites. »

Prêt d'Honneur

Objet

Parmi les risques auxquels le travailleur est le plus fréquemment exposé on peut ranger le besoin immédiat d'argent qui survient à la suite d'une maladie, d'un chômage, d'une perte, à l'occasion de la cotisation à payer, du loyer à acquitter, d'échéance d'une traite ou d'un achat urgent à effectuer. Quand ces cas se produisent, les intéressés ont recours aux voisins, aux amis ; mais c'est là une ressource bien aléatoire. Il appartient à la Mutualité de prendre ses adhérents sous sa protection et de leur venir en aide pour les tirer des mains des usuriers, pour leur éviter une radiation pénible, pour sauvegarder leur dignité et quelquefois même, par exemple, en cas de menace d'éviction, pour les préserver d'un véritable désastre.

Les sociétés adhérentes au Congrès qui avaient donné leur avis sur ce sujet avaient, à peu d'exception près, reconnu l'utilité du prêt mutuel sans intérêts, reposant uniquement sur l'engagement d'honneur de l'emprunteur ; mais elles étaient également d'accord pour reconnaître que l'institution de ce nouveau service ne devait compromettre en rien les finances sociales, qu'elle devait s'appuyer entièrement sur un Fonds spécial alimenté par des recettes extraordinaires destinées à cet objet.

Fonctionnement

Partout où il est organisé, le Prêt gratuit fonctionne régulièrement. *L'Emulation chrétienne,* de Rouen, avec un fonds spécial de 12.000 francs formé par les souscriptions volontaires des membres honoraires et des membres participants a prêté, en sept ans, 24.000 francs et n'a subi qu'une perte totale de 280 francs due à un très petit nombre de non remboursements généralement causés par le décès de l'emprunteur.

Dans cette importante société, le Prêt d'honneur est organisé très simplement : Pour emprunter, il faut :

« 1° Etre membre participant depuis 5 ans au moins ;

» 2 Faire une demande par écrit indiquant la cause du prêt, les moyens sur lesquels l'emprunteur compte pour se libérer ;

» 3° Faire signer cette demande par deux sociétaires qui ne répondent que moralement.

» Les demandes d'emprunt sont examinées par une commision spéciale qui statue sans appel et qui est uniquement composée de membres participants tenus au secret le plus absolu.

» L'emprunteur fixe lui-même le chiffre et les délais des remboursements et signe des billets de forme commerciale. »

Décisions du Congrès

Le Congrès qui avait à se prononcer sur l'opportunité de l'organisation, dans les Sociétés de Secours mutuels, des Caisses de Prêts d'honneur a voté les vœux suivants proposés par la 3e commission :

« Le Congrès,

» Considérant que la loi du 1er avril 1898 ne comporte pas le fonctionnement de caisse de prêt mutuel, que cette lacune doit être comblée ;

» Invite le Conseil supérieur de la mutualité à faire des démarches pressantes auprès des Pouvoirs publics et à saisir les groupes parlementaires mutualistes de cette question, afin de faire modifier le paragraphe 2 de l'article 1er de cette loi. »

« Que le prêt d'honneur se fasse par la création d'une caisse spéciale, alimentée spécialement par des cotisations et sans intérêts, soit par les sociétaires, soit par les membres d'honneur ou par d'autres moyens.

» Que, dans les Sociétés de secours mutuels, il soit fondé une caisse spéciale de prêt gratuit, alimentée soit par les sociétaires, soit par des membres d'honneur ou honoraires, ou par des subventions qui rendront grand service aux sociétaires se trouvant, dans un moment critique, empêchés de remplir leurs obligations, comme paiement, à la Société ».

Questions médicales et pharmaceutiques

Au nombre des questions à l'ordre du jour du Congrès intéressant particulièrement les Sociétés d'adultes, il y a lieu de ranger les questions médicales et pharmaceutiques étudiées par la 4ᵉ commission et rapportées par le Dʳ Miette.

Relativement au service médical,

La première question à traiter concernait les maladies contagieuses d'un caractère spécial :

1° Doivent-elles être à la charge de la Mutualité ?

2° Dans quelles conditions et dans quelles proportions ?

De la discussion fort intéressante, à laquelle ont pris part de nombreux délégués, il semble que la Commission, approuve les conclusions énoncées dans le rapport du docteur Cocquet, de de Bordeaux conclusions ainsi conçues :

« L'assemblée, considérant que ces maladies sont beau-
» coup plus graves et plus nombreuses dans la classe ouvrière
» que chez le riche, parce que l'ouvrier ne peut se soigner conve-
» nablement ; que beaucoup hésitent à se faire soigner, par fausse
» honte, alors que ces maladies ne sont que des maladies de
» hasard, pouvant ne pas provenir de l'inconduite ; qu'il est du
» plus grand intérêt pour les sociétés de secours mutuels de soi-
» gner ces maladies contagieuses ;

» Que les charges pécuniaires qu'auront à supporter les Sociétés de secours mutuels seront peu élevées, la plupart des cas n'entraînant pas l'arrêt du travail ;

Demande le vote de la résolution suivante :

» Le 8ᵉ Congrès national décide que, dorénavant, ces maladies soient mises complètement à la charge des Sociétés de secours mutuels au même titre et dans les mêmes conditions que les autres maladies et que le paragraphe restrictif qui les concerne soit purement et simplement supprimé des statuts officiels des Sociétés. »

Le vœu, mis aux voix, est adopté à l'unanimité par le Congrès.

M. le docteur Miette rapporte ensuite sur la deuxième question : « Opérations chirurgicales ».

A. — Doit-on les classer en grandes ou petites opérations ?

Sur ce point, la Commission a été unanime à admettre une distinction nécessaire.

B. — Quelle nomenclature proposez-vous ?

« Pour la nomenclature à adopter, les avis ont été plus partagés, certains mutualistes craignant que le fait d'adopter comme base de classification la nomenclature dressée à l'usage de l'Assistance médicale gratuite ne soit considéré comme peu digne de la Mutualité qui fait de la Prévoyance et non de l'Assistance.

» Après un échange de vues entre MM. Hébrard, le docteur Gyoux et le docteur Gayral, qui ont déclaré parfaitement exact le classement des opérations de petite et grande chirurgie donné par le Guide manuel de la Mutualité française, de M. Jean Hébrard, le classement donné par cet ouvrage a été adopté par la Commission ».

C. — N'y a-t-il pas lieu d'établir des tarifs ?

Le tarif de l'Assistance médicale, proposé comme base, est combattu par le docteur Gayral, qui déclare qu'il faut absolument éviter une confusion regrettable, qui tend à accréditer cette idée, que, d'une façon générale, la clientèle des Sociétés de secours mutuels est la même que celle de l'Assistance médicale gratuite ; ce même tarif est aussi combattu par le docteur Gyoux qui, s'associant à son collègue du Conseil supérieur, voit avec regret que chaque fois qu'on parle de Mutualité, on la rabaisse en l'assimilant à l'indigence.

Il invite donc les mutualistes à supprimer, dans les phrases qu'ils emploient, les mots « Assistance publique », en faisant ressortir que la Mutualité exige un effort individuel que l'indigent ne peut ni ne veut comprendre.

Sous le bénéfice de ces observations, ainsi que des objections présentées par MM. Keller, Flavier, M. le docteur Cornet, etc., etc., la quatrième Commission décide que :

« 1° Il y a lieu d'établir des tarifs ;

» 2° Que pour l'établissement de ce tarif celui de l'Assistance médicale gratuite ne devra servir qu'à titre d'indication.

» Les Associations mutuelles devront, en respectant autant que possible la liberté du malade de choisir son médecin, s'entendre avec le corps médical qui fera preuve, nous l'espérons en cette circonstance, d'une modération susceptible de concilier tous les intérêts ».

D. — *Les petites opérations ne devraient-elles pas être traitées à l'abonnement ?*

Une discussion assez longue s'engage sur cette question.

M. le docteur Gayral, préconise le tarif à la visite comme moins onéreux pour les sociétés que le tarif à l'abonnement.

Cette opinion est partagée par M. Keller et M. Flavier ; tandis que le Dr Cerf, vante les avantages de l'abonnement.

Le Congrès, appelé à se prononcer, vote toutes les conclusions de la Commission.

Relativement aux questions pharmaceutiques,

Voici les conclusions que les rapporteurs Miette et Brunot soumirent au Congrès :

« Le huitième Congrès, se conformant aux décisions prises dans les Congrès précédents, et constatant les résultats satisfaisants obtenus, préconise la création de pharmacies mutualistes partout où elles seront possibles.

» Un certain nombre de médecins délégués proposent au Congrès le vœu suivant :

» Qu'une commission mixte, composée mi-partie de médecins et de mutualistes, soit créée dans toutes les régions où il existe une Union des Sociétés de secours mutuels, commission qui aura pour but spécial de régler les différends qui pourraient subsister ou survenir entre lesdites sociétés et leurs médecins, qu'ils soient ou non syndiqués ».

Cette résolution est adoptée à l'unanimité.

M. Miette lit les conclusions suivantes sur la deuxième question du rapport :

« Le Congrès national décide qu'une commission compétente établisse un catalogue pour, à l'avenir, servir de base et de guide pour toutes les conventions entre Sociétés mutualistes et pharmaciens. Le catalogue sera révisé et publié annuellement. Le Congrès décide de nommer à cet effet une commission ainsi composée : un membre du Conseil supérieur, un membre de la Fédération nationale, deux membres du Congrès, un membre du corps médical, deux pharmaciens mutualistes, deux membres du Congrès pharmaceutique. »

(Adopté à l'unanimité.)

Après discussion, l'assemblée décide de porter de deux à trois le nombre des membres du Congrès qui feront partie de la commision.

Le Congrès vote sur la composition de la commission, qui est ainsi formée :

MM. Miette, Simonnet, Denier, Belingon, Boiron, Vilette et Brunet.

Les membres faisant partie de la Fédération nationale et du Conseil supérieur seront élus par ces organisations.

Les vœux suivants sont ensuite adoptés.

« Le Congrès demande que les sociétés envoient au siège de l'Union toutes leurs ordonances, afin que la vérification en soit faite par les soins d'un spécialiste désigné et rétribué par l'Union.

» Dans l'intérêt de l'hygiène autant que dans celui de leur caisse, les Sociétés mutuelles sont invitées à poursuivre la création d'établissements de bains-douches à bon marché dans tous les centres mutualistes, soit par les unions, soit par les municipalités.

» Une discussion s'engage au sujet des médicaments dits de luxe, des spécialités. On vote la proscription des remèdes de luxe et des spécialités dans toute la mesure du possible.

Un certain nombre de vœux relatifs à l'hygiène et à la lutte contre la tuberculose sont aussi adoptés.

Mutualité familiale

Son Utilité

Le travailleur qui adhère à une société de secours mutuels fait une bonne œuvre, puisqu'il contribue à secourir ses co-associés, et une bonne affaire, puisqu'il s'assure des droits à des secours qui peuvent être plus élevés que sa cotisation ; mais, dans ces limites, sa prévoyance est essentiellement égoïste : il ne se préoccupe que de lui-même.

Or, les risques qu'il court peuvent aussi frapper sa femme qui administre le ménage, veille sur les enfants, dispose avec économie des ressources communes et, souvent même contribue par son propre travail, à la prospérité de la famille ; ils peuvent frapper les enfants eux-mêmes qui sont appelés à devenir, à leur tour, des producteurs utiles.

Dans ces conditions, il n'est que conforme au sentiment et à la justice d'ouvrir les Sociétés de secours mutuels aux femmes et aux enfants pour les faire participer aux bienfaits qu'elles réservent à leurs membres.

Fonctionnement

D'après la loi du 1er avril 1898, la femme peut entrer dans les Sociétés de secours mutuels d'hommes qui deviennent alors des sociétés mixtes ; de plus, on peut créer aujourd'hui des sociétés composées exclusivement de femmes, de même qu'il y a des mutualités scolaires composées d'enfants.

Mais, M. Cheysson, membre de l'Institut, qui s'est occupé de la question, avec une compétence hors de pair, conseille d'unir la famille, véritable unité sociale, dans la même société et d'éviter d'en disperser les membres dans des sociétés distinctes. Il convient donc, en se plaçant surtout au point de vue des secours en cas de maladie, que le père entre dans une société avec toute sa sa famille, sauf à payer des cotisations proportionnées aux charges qu'il apporte, avec une bonification pour les familles nombreuses.

Décisions du Congrès

Appelé à rechercher sur quelles bases la mutualité familiale peut être organisée et, en particulier, à se prononcer sur ce que coûtent, en moyenne, dans les Sociétés de secours mutuels, les femmes et les enfants par rapport à l'homme, le Congrès a voté la disposition suivante :

« Bien que l'expérience ait établi que la femme coûte, en général, plus que l'homme, quand elle touche des indemnités journalières de maladie, la commission émet cependant l'avis d'unifier les cotisations des deux sexes, et cela par esprit de solidarité.

» L'enfant coûtant en moyenne 4 fr. 50 à 5 francs par an, il y a lieu, d'après la Commission d'appliquer le système des cotisations décroissantes, suivant la progression du nombre des enfants de la même famille affiliés à la Société ».

Sur la question de savoir, dans quelles conditions les plus favorables on peut appliquer le bénéfice complet de la mutualité à la famille entière, le Congrès a répondu conformément à la proposition de la 3ᵉ commission :

« D'après l'expérience acquise, le Congrès émet le vœu que les pharmacies mutualistes soient généralisées comme paraissant donner les meilleurs résultats ; là où ces institutions n'existent pas encore, on devra s'entendre avec les pharmaciens pour organiser un service d'abonnement par foyer domestique.

» Complète liberté est laissée aux sociétés pour assurer le service médical, soit par visite, soit par abonnement ».

Ayant à établir un projet de statuts modèles, le Congrès a conseillé de donner la préférence à ceux qui avaient été proposés par la Société d'Argenteuil et la Mutualité familiale de Montpellier.

Enfin, M. Casamajor, rapporteur de la 3e commission a soumis, à l'approbation du Congrès, les vœux suivants qui ont été adoptés à une grosse majorité :

« *Premier vœu:* Que toutes les Sociétés de secours mutuels mixtes considèrent les femmes en couches comme des malades ordinaires devant recevoir des médicaments en cas de maladie quelconque.

» *Deuxième vœu:* Que le Congrès encourage la formation de Sociétés familiales partout où il n'y en a pas avec les mêmes charges et les mêmes avantages proportionnels pour les femmes et les enfants ».

Mutualité agricole

Les ouvriers agricoles, les petits fermiers, les petits propriétaires ruraux vivent dans des conditions extrêmement précaires ; leur travail fort peu rémunérateur ne leur procure que de maigres ressources ; ils vivent frugalement et achèvent souvent leur vie de labeur dans la misère et l'abandon: Les petits propriétaires, les petits fermiers plus encore que les journaliers sont exposés à des risques multiples : outre ceux qui peuvent les atteindre dans leur personne et qui leur sont communs avec les travailleurs de l'industrie et du commerce, leurs animaux sont exposés aux accidents, aux maladies, aux épizooties ; leurs cultures sont menacées par la gelée, par la sécheresse, par la grêle, par les insectes nuisibles, par les maladies cryptogamiques et et leurs récoltes peuvent être frappées par la mévente,

Autant que tous les autres travailleurs et je dirai même

plus que tous autres travailleurs, ils ont besoin de s'unir, de se soutenir les uns les autres contre leurs ennemis communs, pour défendre leurs cultures, leurs animaux et leurs personnes.

Tous ceux qui les connaissent savent qu'ils ont le cœur ouvert aux choses de la solidarité : les habitants de nos villages sont toujours disposés à se rendre service, à se prêter mutuellement ce qu'ils possèdent, à se secourir réciproquement quand ils sont dans le besoin par leur travail ou par tout autre moyen. S'ils n'ont pas réalisé tous les progrès qui peuvent améliorer leur sort, c'est surtout parce qu'ils ne savent pas ou qu'ils ne peuvent pas. On peut donc être sûr que la mutualité fera parmi eux de rapides progrès à mesure qu'on les mettra en mesure de savoir et de pouvoir.

Il appartient donc aux militants mutualistes de leur faire connaître toutes les institutions que la République a créées pour leur venir en aide : déjà, ils savent s'organiser en syndicats pour acheter leurs engrais, leurs semences et leurs outils dans les meilleures conditions ; ils commencent à organiser des assurances mutuelles affranchies de toute formalité gênante par la loi du 1er juillet 1890, contre la mortalité du bétail, contre la grêle, contre l'incendie. Qu'on leur apprenne donc que la loi du 21 mars 1884 a permis aux associations syndicales de constituer pour leurs membres des Caisses spéciales de secours mutuels et de retraites ; que la loi sur le renouvellement du privilège de la Banque de France a mis à leur disposition des sommes importantes pour créer le Crédit agricole et, d'autre part, qu'on leur enseigne qu'ils peuvent réaliser de sérieux bénéfices par l'institution de Coopératives d'achat et de vente et l'on verra qu'après avoir pratiqué la mutualité pour les choses, ils la pratiqueront aussi pour les personnes.

C'est avec cette conviction que la 3e commission a proposé et que le Congrès a voté, à l'unanimité, les résolutions suivantes concernant la Mutualité agricole.

A la 11e question ainsi conçue :

« Etant donné que la situation du travailleur des champs » diffère sensiblement de celle du travailleur des villes :

» Par quels moyens pratiques pourrait-on arriver à faire » bénéficier les mutualistes ruraux des avantages de la mutua- » lité ? »

Il est répondu sans discussion :

« Le Congrès émet le vœu que, pour arriver à faire bénéficier les mutualistes ruraux des bienfaits de la Mutualité, une entente soit établie entre les Unions et Syndicats professionnels, afin de compléter et de couronner les œuvres de fraternité rurale émanées du Syndicat par la création de Sociétés de secours mutuels ».

A la 12ᵉ question, ainsi conçue :

« La mutualité rurale aurait-elle intérêt, dans un but de » propagande, à favoriser le développement du crédit agricole » et des diverses assurances ?

» Comment ? »

La 3ᵉ Commission propose la réponse suivante :

« Oui, la Mutualité a intérêt à favoriser le développement de ces autres formes de la fraternité rurale en employant les moyens de propagande dont elle dispose, parce que, dans la pratique, ce n'est qu'après avoir créé l'assurance mutuelle des choses et des animaux qu'on arrivera à faire pratiquer par les travailleurs ruraux l'assurance des personnes ».

Associations de Sociétés

Les Sociétés de secours mutuels ont, en général, longtemps vécu dans l'isolement. Mais la nécessité les pousse s'unir ; car, de même que les individus décuplent leurs forces en se groupant en sociétés, les sociétés centuplent leur puissance en s'associant entre elles, et, pour répondre aux besoins nouveaux qui se font jour, peuvent aborder l'organisation de services récemment conçus que les grandes sociétés, comptant leurs membres par milliers pouvaient seules se permettre, tandis qu'ils étaient interdits aux petites sociétés.

Le Grand Conseil des Sociétés de secours mutuels des Bouches-du-Rhône, fondé en 1821, le Conseil des présidents de Lyon, le Syndicat girondin, avaient démontré, par l'expérience, l'utilité des Associations de Sociétés qui ont reçu la sanction légale par l'article 8 de la loi du 1er avril 1898.

Les Sociétés d'une même localité, s'unissent en syndicat; les Sociétés d'un même département se groupent en « Union »; les Unions départementales forment des Fédérations régionales et la Fédération nationale.

A cette hiérarchie de groupes, correspond une hiérarchie de services auxquels les membres des sociétés participent, moyennant des cotisations spéciales soit à titre individuel, soit à titre collectif, suivant que leurs assemblées générales en ont décidé.

A la base du système, la Société conserve son autonomie la plus complète : Pour tout ce qui concerne l'indemnité pécuniaire aux malades, les frais funéraires, les secours aux veuves et aux orphelins, tels qu'ils ont été conçus jusqu'à présent, elle peut agir par ses propres moyens; mais pour tous les autres services, même pour les services médicaux et pharmaceutiques, elles ont tout intérêt à recourir à l'Association.

Dans cette voie, le premier degré à franchir est, comme nous venons de le dire, l'Union locale, ou, pour donner un nom distinct à chaque groupement, *le Syndicat urbain* qui a pour but principal de perfectionner le service de maladie par l'entente commune avec les médecins et les pharmaciens, par la création d'offices de consultations, de dispensaires, de pharmacies mutualistes et d'organiser les œuvres accessoires de la mutualité, prévues par la loi : les Cours professionnels, le Placement gratuit, les Caisses de chômage.

Au second degré, nous trouvons *l'Union départementale* qui doit réunir assez d'adhérents pour se permettre des œuvres plus coûteuses ou d'action plus étendue. Il lui appartient d'organiser : (a) la *Mise en subsistance* qui permet au sociétaire momentanément éloigné de son foyer, de se faire soigner, aux frais de la société à laquelle il appartient, par l'une des sociétés de la localité où il se trouve malade; (b) la *Mutation* par laquelle un membre d'une société émigrant définitivement peut, comme nous l'avons déjà expliqué plus haut, à propos du Pont, obtenir son admission dans une Société de la localité où il s'établit, sans être soumis au stage et au droit d'entrée et sans rien perdre de ses droits acquis à un pension de retraite ; *(c)* la *Réassurance* qui garantit des secours indéfinis aux mutualistes atteints de maladies de longue durée dépassant les limites de secours fixées par les statuts de leur Société ; *(d)* des *Caisses autonomes* ayant pour but, conformément au décret du 25 mars 1901, soit la constitution de pensions de retraites, soit l'assurance en cas de vie, si elles comptent aux moins deux mille participants, soit, enfin, l'assurance en cas de décès ou d'accidents, si elles comptent au moins trois mille membres ; *(e)* des hôpitaux et hospices, etc.

Au troisième degré, les Unions se groupent en *Fédérations régionales* suivant certaines conditions communes de climat d'alimentation, d'habitudes, de race même, entraînant des conditions également communes de maladie, de mortalité et nécessitant de grands services d'hygiène et de prophylaxie, ainsi que la création d'établissements régionaux de repos et de cure.

Enfin. au sommet de l'échelle est la *Fédération nationale* qui se charge spécialement de l'organisation des services supérieurs de la Mutualité, de la propagande générale et de la défense des institutions mutualistes auprès des pouvoirs publics.

...

Relativement aux associations de Sociétés, le Congrès a dû, tout d'abord, régler une question qui avait soulevé quelque émotion dans certains milieux mutualistes : celle de la reconnaissance de la Fédération nationale.

Le VIIe congrès de la Mutualité séant à Limoges, en 1901, avait décidé que l'organisation de la Fédération nationale serait réservée au VIIIe Congrès ; mais, dans l'intervalle des deux Congrès, les événements se sont précipités : des projets et des propositions de lois importantes ont été soumises au Parlement, menaçant de reléguer les Sociétés de secours mutuels à l'arrière-plan des institutions démocratiques. Des hommes généreux ont alors senti l'urgence de créer un organisme assez autorisé pour élever la voix en faveur de Sociétés menacées : de là est sortie l'idée de la création immédiate de la Fédération nationale lancée à Marseille en juin 1902, étudiée à Saint-Etienne deux mois plus tard, et réalisée à Paris en novembre, donnant ainsi, à la

Mutualité française, des représentants officiels qui sont très utilement intervenus auprès des Commissions parlementaires et des pouvoirs publics toutes les fois qu'il y a eu lieu.

Sur la proposition de la première commission rapportée d'une manière très remarquable par M. Sennelier, instituteur de la Seine, le Congrès a voté la décision suivante :

« Le VIII Congrès national, jugeant souverainement :

« Attendu que le Congrès national de Limoges, également souverain pour sa période triennale, avait décidé la création définitive de la Fédération nationale.

« Dans un esprit de conciliation et de justice, accepte tout ce qui a été fait en ce sens jusqu'à ce jour et déclare consacrer, dès maintenant et définitivement, l'existence de ladite Fédération sous la condition qu'elle se conformera, pour l'établissement et la modification de ses statuts, aux règles générales qui seront indiquées par le VIII Congrès national de la Mutualité, dans les séances qui vont suivre ».

C'est encore sur la proposition de la première commission et conformément aux conclusions du Rapport de M. Sennelier que le Congrès a voté les vœux suivants relatifs aux Fédérations et aux Unions :

« Le Congrès émet le vœu :

« *Que le département, unité administrative du pays, soit aussi, en règle générale, l'unité servant de base à l'organisation de la Mutualité française : cette unité prendrait le titre d'Union départementale et adhérerait directement à la Fédération nationale.*

« Par mesure transitoire, et ayant égard à la situation particulière existant dans certains départements, où plusieurs Unions ou Fédérations ont un caractère départemental, l'adhésion de chacune d'elles à la Fédération nationale ne pourrait être reçue qu'après que tous les moyens de conciliation pour unir ces groupements auraient échoué et que le Conseil d'administration de la Fédération nationale aurait donné un avis favorable à la demande d'admission.

» Une exception est faite pour le département de la Seine, dont l'organisation spéciale, à tous les points de vue, nécessite une solution spéciale

...

« Le Congrès émet le vœu :

» Que les Unions départementales soient uniquement composées de groupements tels que Sociétés, Unions locales, cantonales, d'arrondissement et départementales, ces dernières ayant un but spécial et bien défini.

» Les Unions départementales, ne pourront recevoir d'adhésions individuelles.

...

» Le Congrès émet le vœu :

» Que le groupement régional, organe utile mais facultatif de l'organisation mutualiste, prenne le titre de Fédération régionale et adhère directement à la Fédération nationale.

» Les Fédérations régionales ne pourraient admettre que les Unions départementales, mais jamais les Sociétés isolées ou les individus.

» Les Fédérations régionales ne prendront pas pour limite territoriale les circonscriptions électorales de la Mutualité ; elles auront seulement à s'inspirer des besoins qu'elles sont appelées à satisfaire, des facilités d'accès à un centre donné et de l'affinité naturelle des mœurs et des coutumes.

...

» Le Congrès émet le vœu :

» Que les circonscriptions électorales soient remaniées et notablement réduites.

...

» Le Congrès :

» Adresse un chaleureux appel aux Sociétés mutuelles de de chaque département pour constituer, là où elle n'existe pas encore, une Union départementale ; il donne aux congressistes, adhérents du VIII° Congrès, le mandat moral de travailler de toutes leurs forces à cette organisation départementale.

...

» Le Congrès émet le vœu :

» Qu'un ou plusieurs membres de la Fédération nationale soient invités à toutes les fêtes de propagande des Unions, afin d'établir entre elles un lien effectif de solidarité.

...

» Le Congrès émet le vœu :

» Que la Mutualité française, échappant à toutes les contingences politiques, devienne, au sens le plus élevé, une institution ayant pour but unique de réaliser dans la plus large mesure possible les améliorations nécessaires au bien-être de tous et de poursuivre l'idéal de justice, de bonté et de solidarité rêvé par la démocratie française.

...

» Le Congrès émet le vœu :

» Que dans la constitution des Unions et Fédérations à tous les degrés, il ne soit pas tenu compte, à moins de circonstances exceptionnelles, de la proportionnalité, que l'ensemble de la Mutualité ne semble pas réclamer.

» Le Congrès émet le vœu que, pour assurer tous les services supérieurs incombant aux Unions départementales, il soit créé une caisse spéciale alimentée nécessairement : 1° par les cotisations des Sociétés uniques ; 2° par les encouragements et les subventions pécuniaires de l'Etat et du département ; 3° par toutes autres ressources légales, dons, legs, cotisations de membres honoraires, etc.

» Qu'en outre des avantages matériels réclamés pour les Unions départementales, les pouvoirs publics, à tous les degrés, consacrent l'autorité morale des représentants autorisés de ces unions, en demandant leur avis pour tout ce qui intéresse la Mutualité dans le département, et notamment dans les propositions visant l'attribution des récompenses honorifiques.

» Que les administrations des Unions départementales veillent à l'exécution stricte de l'article 18 de la loi du 1er avril 1898, relatif à l'obligation imposée aux communes de fournir, aux sociétés, des locaux nécessaires à leurs réunions et s'inspirent à cet effet des circulaires ministérielles qui ont rappelé dernièrement cette obligation.

Services des Unions

A l'étude des Unions et Fédérations, il convient de rattacher l'examen des services qu'elles sont plus particulièrement aptes à organiser et à faire prospérer et qui étaient compris dans le programme du Congrès. Parmi ces services, nous citerons :

1º Les Caisses d'avances remboursables étudiées par la 1re commission ;

2º L'Assurance au décès, l'Hospitalisation comprises dans le programmme de la 2me commission ;

3º Les Assurances-vie ou décès, la Dotation, le Placement gratuit, l'assurance contre le chômage, rapportés par la 3e commission.

4º Enfin, la Réassurance, la lutte contre la Tuberculose et l'Hydrothérapie étudiées par la 4me commission.

Avances remboursables

L'objet des Caisses d'avances remboursables est défini par la quatrième question soumise à la 1re commission :

« Que pensez-vous de la création, par département ou par région (en se servant des Unions et Fédérations), d'une caisse d'avances remboursables :

» Cette caisse pourvoirait momentanément aux premiers frais qu'entraîne la création d'une société nouvelle de secours mutuels (scolaire ou d'adultes) dans les centres ou les meilleures initiatives échouent faute de ressources ».

L'utilité de cette caisse a été généralement contestée pa les sociétés qui avaient envoyé des rapports et la première commission, ainsi que le Congrès lui-même, l'ont ajournée.

Assurances-Décès

Quand le chef de famille disparaît, il laisse un grand vide derrière lui : aussi est-il très désirable qu'il puisse léguer quelques ressources à ceux qui lui étaient chers pour s'assurer des funérailles honorables et pour leur permettre de subvenir à leurs plus pressants besoins,

Beaucoup de sociétés de secours mutuels ayant prévu, dans leurs statuts, les frais funéraires de leurs membres participants décédés, des secours aux veufs, aux orphelins et aux ascendants, les Mutualistes ont été amenés à pratiquer *l'assurance au décès* et la loi du premier avril 1898 les y autorise dans des limites déterminées par l'article 28.

Les sociétés de secours mutuels ont plusieurs moyens pour pratiquer l'assurance au décès.

Sans parler de celui que les *Compagnies d'assurances* offrent à tout le monde, et que les petites bourses trouvent généralement trop onéreux, nous nous bornerons à citer les suivants :

1° Elles peuvent *créer ce service par elles-mêmes* au moyen de cotisations spéciales dont le produit serait placé en Fonds libres à la Caisse des Dépôts et Consignations; mais il est à craindre que le nombre des adhérents soit trop petit pour assurer la prospérité de ce service ;

2° Elles peuvent *assurer leurs membres à la Caisse nationale d'assurance en cas de décès* fondée par la loi du 11 juillet 1868 ; mais cette caisse n'admet, en ce qui concerne les mutualistes, que les adhésions collectives de tous les membres d'une même société.

3° Elles ont la faculté d'adhérer à la *Caisse autonome* de leur Fédération créée conformément à la loi du 1er avril 1898 ; mais d'après le décret du 25 mars 1901, ces caisses ne peuvent exister que si elles comptent au moins 3.000 membres adhérents et cette condition n'a pu jusqu'ici être réalisée nulle part.

4° Elles peuvent organiser la *Contre-assurance* qui, moyennant une cotisation annuelle déterminée, permet aux héritiers de récupérer le capital des cotisations versées par le sociétaire décédé. (Sauvegarde de la Mutualité, 32, rue Étienne Marcel, Paris).

5° Elles peuvent engager leurs membres individuellement ou collectivement dans les **Sociétés de secours mutuels** qui se donnent l'assurance-décès pour but unique et parmi lesquelles nous pourrons citer :

La Société dite du **Franc au décès** (21, place Fondau-dège, Bordeaux).

L'Union mutuelle pour l'assurance en cas de décès (5, place Saint - François - Xavier Paris), qui assure, au gré de l'assuré, 500 francs, 1.000 francs, 1.500 francs, 2.000 francs, 2.500 francs ou 3.000 francs, moyennant une cotisation mensuelle s'élevant, suivant l'âge, de 0 fr. 50 à 1 fr. 60 par 500 francs assurés.

L'Union générale d'assurance en cas de décès assurant de 100 francs, au minimum, à 500 francs, au maximum, moyennant une prime annuelle s'élevant, suivant l'âge de l'assuré, de 0 fr. 80, de 15 à 20 ans, jusqu'à 4 fr. 77 de 66 à 70 ans par 100 francs assurés.

En présence de ces divers systèmes, la deuxième commission et le Congrès ont écarté les compagnies d'assurances à cause de leur caractère spéculatif et ont adopté les conclusions suivantes :

« 1° L'assurance au décès doit être faite par les Sociétés de secours mutuels elles-mêmes ;

» 2° Chaque société organise librement l'assurance de ses membres suivant les ressources dont elle dispose ».

De plus, le Congrès a émis le vœu que le règlement qui interprète la loi du 1er avril 1898, soit modifié de façon à rendre possible l'existence des Caisses autonomes prévues par la loi.

Assurance-vie

L'examen des questions qui concernent l'assurance-décès nous conduit naturellement à parler de l'assurance-vie portée à l'odre du jour de la 3e commission du Congrès. La Mutualité doit prévoir que les membres participants d'une Société de secours mutuels ont besoin de ponvoir disposer, à des âges déterminés, par exemple, au moment de l'établissement des enfants, de sommes relativements importantes ; dans sa vigilance à prévenir leurs besoins, elle doit leur fournir les moyens de les constituer progressivement, de la manière la plus avantageuse.

Dans ce but, la *Caisse nationale d'assurances* en cas de

décès a été autorisée, par la loi du 17 juillet 1897, à passer notamment avec les Sociétés de secours mutuels, au profit de leurs membres participants ou avec des contractants individuels, faisant ou non partie des Sociétés de secours mutuels, des contrats d'assurances mixtes, ayant pour but le payement d'un capital déterminé, de 3.000 francs au maximum, soit aux assurés eux-mêmes s'ils sont vivants à une époque fixée d'avance, soit à leurs ayants droit, et aussitôt après le décès, si les assurés meurent avant cette époque.

Mais, on fait rarement appel à la Caisse nationale d'assurances; aussi le Congrès ayant à répondre à la question de savoir comment la Mutualité, avec les moyens dont elle dispose, peut organiser, sans aléas, et presque sans frais généraux, les assurances-vie ou décès, a-t-il répondu, sur la proposition de la 3e commission : « En créant des Caisses spéciales alimentées par des cotisations particulières et administrées gratuitement conformément au règlement d'administration ».

Dotation

Dans le même ordre d'idées, il a estimé que les Sociétés de secours mutuels et particulièrement les Mutualités scolaires, avec la faculté de placer leurs fonds à 4 1/2 %, sont éminemment aptes à créer elles-mêmes des services de Dotation et il a voté les dispositions suivantes :

« Les Caisses de dotation seront constituées par les Unions départementales. Elle seront alimentées :

» 1° Par une cotisation spéciale facultative.

» 2° Par des dons et legs :

» 3° Par des subventions des communes, des départements et de l'État ».

Hospitalisation

Pour revenir aux questions traitées par la 2me commission, il nous reste à nous occuper de l'Hospitalisation des incurables et des infirmes qui est l'une des éventualités les plus graves que puisse envisager la Mutualité. Les Sociétés de secours mutuels ne sauraient abandonner leurs adhérents devenus impotents. Il importe que le vieux mutualiste puisse trouver un asile pour ses vieux jours aussi bien que le non prévoyant qui reçoit les faveurs de l'Assistance publique; il importe même que ses sentiments de dignité et d'indépendance qui répugnent à la discipline nécessaire des établissements publics soient respectés et sauvegardés par l'hospitalisation à domicile qui lui permettra de terminer ses jours dans les lieux et auprès des personnes qu'il aime. C'est dans cet esprit que le vœu suivant a été adopté:

« Le Congrès demande que l'hospitalisation des incurables soit faite de préférence à domicile, par l'intermédiaire des Unions, des Fédérations et des sociétés de secours mutuels et avec la participation de la commune, du département et de l'Etat ».

Placement gratuit

Les travailleurs sont fréquemment exposés à se trouver sans emploi et à toutes les misères, à tous les dangers qui en découlent. Dans cette pénible et périlleuse alternative, comme dans toutes les autres, la Mutualité, toujours bienveillante et empressée, peut leur venir gratuitement en aide et le Congrès a voté le texte suivant :

« Que les Unions, à l'exemple de ce qui a été institué dans les syndicats professionnels, organisent de leur côté et dans le plus bref délai possible, un service pour le placement gratuit de leurs adhérents.

« Les offres et demandes d'emploi seraient hebdomadairement échangées entre eux par les bureaux des diverses unions qui devraient ensuite les porter à la connaissance de toutes les Sociétés affiliées et leur donner, en outre, la plus large publicité.

« Enfin, des tableaux, en vue des placements, devraient être constamment tenus à jour et affichés à la porte des mairies et et autres établissements publics.

« Le 8e Congrès espère que les patrons mutualistes, dont le nombre va sans cesse croissant recruteront de préférence à l'avenir, leur personnel parmi les membres des mutualités existantes »

Chômage

En ce qui concerne le Chômage, beaucoup de mutualistes estiment que ce risque est essentiellement du domaine des syndicats corporatifs qui sont mieux renseignés que les Sociétés de secours mutuels pour contrôler la façon dont le chômage est survenu.

Néanmoins, d'autres mutualistes des plus autorisés estimant que le travailleur doit être couvert contre tous les risques et que l'assurance contre le chômage involontaire et individuel est la base de tout le système des assurances sociales. « Il est inutile, en effet, dit l'Union mutualiste du Rhône, d'organiser un réseau d'assurances contre la maladie, la vieillesse ou l'invalidité, si le mutualiste se trouve, à chaque instant, menacé de se voir privé, par un chômage involontaire, du salaire qui doit lui permettre, et souvent au prix de sacrifices très lourds, de payer la cotisation due à la Société ».

« Le problème des assurances sociales ne sera donc résolu qu'au moment où l'on aura garanti le travailleur contre le chômage involontaire qui doit être nettement distingué du chômage volontaire ».

Sur la proposition de la 3e commission, le Congrès s'est rangé à cette manière de voir et, malgré les observations de quelques congressistes, a voté la disposition suivante :

« Étant donnée la difficulté de rechercher, dans bien des cas, la véritable cause du chômage et les dangers que présenterait, pour une société isolée, la brusque et accidentelle cessation du travail pour de nombreux membres exerçant la même profession, le Congrès estime :

« 1° Que seules les unions ou fédérations pourraient créer des caisses spéciales de secours en cas de chômage ; ces caisses devraient être alimentées par un supplément de cotisations mensuelles aussi réduit que possible, par des dons volontaires et même des subventions émanant des pouvoirs publics ;

« 2° Que les unions ont le consciencieux devoir d'examiner sans retard cette question aussi délicate qu'urgente, afin de la faire passer, au plus tôt, dans le domaine de la pratique où il sera plus facile d'en expérimenter le perfectionnement.

« En attendant, la Société d'origine pourrait, à l'aide d'un prélèvement sur les cotisations des membres honoraires, faire quelques avances aux intéressés, afin de leur permettre, pendant la crise traversée, de jouir des avantages à eux concédés par les règlements de la Société ».

Réassurance

Parmi les services qui incombent directement aux Unions, il n'en est pas de plus intéressant que celui de la Réassurance.

On sait que la plupart des Sociétés de secours mutuels, pressées par la nécessité d'assurer leur propre existence, fixent, par leurs statuts, une limite à la durée des secours en cas de maladie. On a donc la douleur de voir le mutualiste tomber dans l'abandon au moment même où il a le plus besoin d'être aidé secouru et consolé.

Dans ces cas malheureux, qui atteignent environ 4 % des sociétaires, les Caisses de réassurance s'imposent pour prolonger indéfiniment les secours en cas de maladies de longue durée.

A ce sujet, le Congrès avait à répondre aux questions suivantes :

« Les sociétés ont-elles avantage à pratiquer elles-mêmes la réassurance ou à s'adresser à des Caisses spéciales ?

« Dans le second cas, le système des adhésions en bloc, par société est-il préférable au système des adhésions individuelles ?

Il y a répondu de la manière suivante :

« Les Sociétés de secours mutuels ont tout avantage à pratiquer la réassurance au moyen de caisses spéciales.

« Il n'y a pas de doute que l'adhésion des sociétés devrait se faire en bloc. Cependant, en cas de non adhésion de la société tout entière, il pourrait se créer des groupements en réglementant leur adhésion ».

Hygiène

Jusqu'ici les mutualistes se sont appliqués à se secourir quand ils sont malades ; mais ce qui serait mieux encore, ce serait de les voir s'entr'aider pour prévenir la maladie elle-même.

Ils peuvent faire beaucoup en ce sens.

Pour cela, il leur suffit de s'éclairer mutuellement, de s'encourager les uns les autres à surmonter les préjugés contraires à la santé publique et privée, à observer les règles de l'hygiène dans leur alimentation, dans leur vêtement, dans leur logement et dans leur travail.

S'il y a des gens qui sont malades parce qu'ils mangent trop, il en est, en bien plus grand nombre, qui tombent dans l'anémie parce qu'ils ne mangent pas assez ou parce que leur nourriture n'est pas suffisamment substantielle. Les salaires sont modiques et les vivres sont chers dira-t-on ? Eh bien ! il appartient aux mutualistes, puissants par le nombre, d'élever la voix vers le Parlement, gardien des intérêts de tous, et de le prier d'user avec modération des procédés économiques qui font hausser le prix des vivres par voie législative.

S'il y a des gens qui sont malades par défaut de nourriture, il en est certainement davantage qui le sont parce qu'ils abusent des boissons alcooliques : soit qu'ils s'enivrent, soit qu'ils dépassent simplement la mesure permise à leur tempérament, ils s'empoisonnent progressivement, brûlent leurs organes essentiels, ramollissent leur cerveau, perdent toute vigueur physique intellectuelle et morale, procréent des dégénérés, s'abandonnent au vice, quelquefois au crime et les statisticiens calculent non sans effroi, que, de toutes façons, l'alcoolisme appauvrit annuellement le pays d'un milliard et demi ! Eh bien ! il appartient encore aux mutualistes, comme aux membres de tous les groupements ouvriers, de combattre l'odieux fléau, en dédaignant de plus en plus les jouissances du cabaret en s'entraînant à la recherche d'un idéal toujours plus élevé, vers les plaisirs que procurent les relations amicales, les distractions hygiéniques et la vie intellectuelle,

Si l'on veut être assuré de se bien porter, il ne suffit pas de pratiquer l'hygiène pour son propre compte; en raison de l'étroite solidarité qui lie les hommes les uns aux autres, il faut encore vouloir le progrès pour autrui autant que pour soi-même; or, la santé publique est menacée de mille manières par le mauvais état des établissements publics, par les logements insalubres, par certaines industries dangereuses pour ceux qui les exercent et pour ceux qui vivent dans leur voisinage, par la mise en vente de produits alimentaires malsains, par la propagation des maladies contagieuses. En face de dangers aussi variés et aussi fréquents, il est du devoir des mutualistes, dans leur intérêt particulier comme dans celui de leurs sociétés et de l'humanité tout entière, d'intervenir auprès des autorités compétentes pour demander des voies de communications en bon état, des rues bien propres, des places spacieuses, des habitations bien tenues des édifices publics appropriés à leur destination, des écoles bien installées, des marchés bien surveillés, en un mot, l'application rigoureuse de la loi du 15 février 1902 sur la protection de la santé publique.

Tuberculose

Mais il est un fléau redoutable entre tous contre lequel les mutualistes doivent unir toutes leurs forces: c'est la Tuberlose qui fait plus de mal à l'humanité que les guerres les plus meurtrières et les épidémies les plus redoutées puisque, en France seulement, elle fait 150.000 victimes par an. Tous les Mutualistes doivent, à ce sujet, s'associer aux vues du Congrès de Nantes exprimées par le Dr Miette dans les termes suivants:

« La question de la lutte contre la tuberculose est venue en discussion devant notre quatrième Commission et sur les deux premiers paragraphes :

« *a)* Quels sont les divers moyens appliqués jusqu'à ce jour, en France et à l'étranger, pour la guérison et la préservation de la tuberculose ?

« *b)* Quels moyens nouveaux y aurait-il lieu d'appliquer ?

« M. le docteur Cornet, de Saintes, a présenté à la Commission des observations très précises et très détaillées qui ont vivement impressionné ceux qui les ont entendues.

« Il a exposé à la Commission les différents systèmes de lutte institués en Allemagne et en Angleterre, comparant la méthode allemande des sanatoria et la méthode anglaise qui s'attache surtout à faire présenter par l'individu une force de résistance plus grande, lui permettant de lutter plus efficacement contre l'envahissement du mal, par le développement général dû à l'exercice régulier que donne la pratique ordinaire des sports; le premier système, au contraire, ne s'occupe que de la maladie confirmée, cherchant à l'améliorer d'abord et à la guérir quand il le peut.

« Selon lui, la vérité se trouverait dans l'application d'un système mixte, qu'il appellerait le système français, ayant pour base l'application dans nos cercles et établissements publics d'instruction, d'exercices qui donneraient aux enfants un développement musculaire et *organique* plus complet, et par cela même plus de force pour la résistance.

« En ce qui concerne le mal avéré, il estime que les sanatoria préconisés se rapprochant du traitement hospitalier, agglomérant les individus, qui, auraient peut-être avantage à être isolés, la cure à domicile, qui laisserait le malade au sein de sa famille en lui fournissant, bien entendu, toutes les ressources nécessaires à la médication, à la suralimentation et à l'hygiène de son habitation offrirait dans son ensemble plus d'avantages que les moyens préconisés jusqu'à présent.

« En ce qui a trait au troisième paragraphe :

c) Quelles contributions doivent être mises à la charge des Sociétés de secours mutuels dans la lutte contre la tuberculose ?

« La quatrième Commission, qui avait également à l'examiner, a estimé qu'une question de cette importance, devant engager, dans ces conditions particulières, les finances des Sociétés de secours mutuels, ne pourrait être tranchée dans le laps de temps trop court mis à sa disposition pour l'examiner et la discuter. Elle pense qu'elle peut être résolue par des efforts individuels, soit que certaines Sociétés ou Unions de Sociétés, après études particulières, puissent l'appliquer pour leur propre compte, en apportant ultérieurement les résultats obtenus dont pourra bénéficier la mutualité tout entière, soit que, par suite des progrès de la science, toujours en éveil sur ce point, un mode de traitement nouveau puisse être appliqué avec fruit sans faire encourir à la mutualité des charges par trop onéreuses.

» Comme conclusions : la quatrième Commission attire l'attention toute spéciale des Sociétés de secours mutuels sur l'emploi de moyens prophylactiques à recommander à tous les sociétaires et portant principalement sur la propreté des habitations, la régularité de l'existence, l'abstinence des boissons alcooliques dont l'usage immodéré est une des causes les plus certaines du développement de la tuberculose, et préconise surtout le traitement à domicile lorsqu'il peut être suivi, en prenant toutes les précautions nécessaires pour éviter la contamination.

» Les conclusions du rapport sont adoptées par le Congrès ».

Pseudo-Mutualité

Comme on le voit par tout ce que nous venons de dire, la Mutualité prend une place considérable dans la vie sociale et devient un merveilleux agent de lutte contre la maladie et la misère.

Il convient donc de la défendre contre toute concurrence déloyale et de la répandre par une active propagande.

Il faut la défendre contre les Sociétés tapageuses qui s'efforcent d'attirer à elles une grande partie de l'épargne publique, sous le couvert de la Mutualité, pour faire, en réalité, la fortune de quelques personnalités ingénieuses plus dévouées à leur propre intérêt qu'à l'intérêt des prolétaires.

La Mutualité se caractérise par les principes, « à charges égales, avantages égaux » et par la gratuité des fonctions administratives.

Hors de là, il n'y a pas de mutualité ; il y a des sociétés financières, les unes parfaitement solides, les autres très discutables contre lesquelles nous n'avons rien à dire tant qu'elles ne promettent que ce qu'elles peuvent tenir ; mais contre lesquelles nous ne saurions trop nous élever quand elles trompent et égarent le public en lui faisant des promesses irréalisables : il y a des lois pour proscrire la mise en vente de matières alimentaires frelatées, il doit y en avoir pour sauvegarder l'épargne des travailleurs..

Il appartient aussi aux intéressés de faire leur éducation, de bien se convaincre que, en matière financière, il n'y pas de miracle, et que la Mutualité, avec les subventions dont elle jouit, avec ses placements garantis par l'Etat au taux de faveur de 4 1/2 %, avec ses administrations gratuites, est au-dessus de la concurrence des sociétés financières qui ne peuvent guère dépasser le taux de 3 %, sans tomber dans l'insécurité la plus complète ; ils doivent aussi se mettre en garde contre les réclames à grands fracas qui, par affiches ou par annonces dans les journaux, attirent des millions dans certaines caisses moins productives — pour le déposant — que la Caisse d'épargne elle-même qui leur est préférable à tous égards.

Le Congrès ayant à traiter la question suivante :

« N'y-a-t-il pas lieu d'introduire dans la loi du premier avril 1898, des dispositions propres à empêcher certaines tontines d'exploiter la Mutualité vraie au profit d'organisations financières ?

A voté le vœu proposé par sa troisième commission ainsi conçu :

« Adoptant l'opinion généralement formulée par la grande masse des mutualistes, la 3ᵉ commission émet le vœu qu'il soit interdit à toute société financière de faire usage d'un qualificatif pouvant établir une regrettable confusion avec nos institutions de mutualité pure, protégées par la loi du 1ᵉʳ avril 1898...

« Ou les autres lois » ajoutait le texte primimitif ; mais le Congrès a voté la suppression de ces derniers mots par 194 voix contre 191.

..

Relativement à la propagande mutualiste, le Congrès a admis les vœux suivants proposés par la 3ᵉ commission :

« 1° Que les instituteurs soient invités à consacrer, chaque mois, dans les écoles, quelques heures à l'exposé et au développement des œuvres mutualistes.

» 2° De prier des notabilités mutualistes de vouloir bien, dans les cours d'adultes, professer un enseignement mutualiste qui pourrait également être développé dans les associations amicales d'anciens élèves, dans les patronages, Sociétés de gymnastique et toutes autres institutions analogues.

» 3° De placer en évidence, dans les établissements ou lieux publics et en particulier dans tous les établissements d'enseignement, les grands principes de la Mutualité.

» 4° De créer, dans les Unions et Fédérations, des commissions dites d'encouragement à la Mutualité ; leur but serait de faire connaître et de récompenser toutes les généreuses initiatives.

» 5° Pour les sociétés dont les adhérents seraient très nombreux et dispersés, de créer dans les principales localités du département des ramifications de la Société mère, où les nouveaux adhérents pourraient s'affilier.

» 6° Que les subventions de l'Etat, du département et des communes soient plutôt accordées aux Sociétés de prévoyance que d'assistance ; que des appels soient faits afin que les dons et legs particuliers reçoivent la même destination.

» 7° Que les Unions choisissent des délégués au chef-lieu de chaque canton spécialement chargés d'organiser des groupements mutualistes dans les communes qui en sont privées et, en outre, des conférences pourraient être données soit par eux soit par des membres de leurs Unions ou d'autres notabilités pour provoquer une plus active propagande.

» 8° La Mutualité sous toutes ses formes, peut contribuer puissamment à l'amélioration du sort des humbles, au bon accord entre tous les Français et, par suite, au progrès matériel et moral du pays.

La 3ᵉ Commission émet le vœu qu'une large place à l'enseignement des questions de mutualité et des retraites pour la vieillesse soit faite dans l'enseignement de l'école primaire, des lycées, des écoles normales primaires. Afin de guider les professeurs et instituteurs dans leur enseignement mutualiste et de rendre leur action plus précise et plus efficace, il serait nécessaire que M. le Ministre veuille bien adresser, aux bibliothèques des établissements d'instruction publique, des ouvrages simples, conçus dans un large esprit de tolérance, exposant les principes sur lesquels repose la Mutualité, montrant la fécondité de ces principes et reproduisant, avec les dispositions légales du 1er avril 1898, les statuts des diverses Sociétés.

Economies et Ressources

Ainsi, nous sommes loin du temps où la mutualité ne se chargeait que du service de maladie, des funérailles et par exception, du service des retraites. Tous les jours, elle étend son action bienfaisante. Comme nous le disions au début de ce travail, aiguillonnée par les meilleurs sentiments que l'homme a dans son cœur, stimulée par la loi elle-même, elle s'applique à découvrir tous les risques que courent les travailleurs et à les couvrir en organisant de nouveaux services.

Mais, pour qu'elle puisse faire face aux dépenses qui lui incombent, elle doit s'appliquer à accroître ses ressources.

En premier lieu, elle doit s'attacher à réaliser des économies :

1° Par l'éducation sociale des sociétaires pour amener chacun d'eux à renoncer à l'idée funeste de tirer le plus possible de la société et à veiller à la défense des intérêts sociaux comme il veille sur ses intérêts personnels, avec la conviction que les économies ainsi réalisées seront employées, à l'avantage de tous, pour améliorer les services existants ou pour en créer de nouveaux.

2° Par des efforts soutenus pour prévenir les maladies en aidant à faire pénétrer partout les notions usuelles d'hygiène et à prendre les précautions générales pour combattre la propagation des maladies contagieuses.

3° Par le perfectionnement du service médical soit en obtenant des conditions plus favorables, soit en organisant des visites préventives.

4° Par l'obtention de conditions meilleures dans l'organisation du service pharmaceutique.

5° Par l'entente des Sociétés entre elles, et l'entente entre les Sociétés de secours mutuels, d'une part, et les services similaires de l'autre, pour organiser certains services en commun.

En second lieu, elle doit s'appliquer à accroître le produit des ressources dont elle dispose déjà, savoir :

a) Les cotisations des membres participants qui devraient être calculées de façon à suffire aux besoins auxquels elles doivent faire face.

b) Les cotisations des membres honoraires qui peuvent être encouragées par l'attribution de certains avantages ;

c) Le produit des fêtes.

d) Les subventions de la Commune, du Département et de l'Etat.

c) Les dons manuels et les donations des particuliers.

d) Les bonis coopératifs réalisés au profit de la Société, soit par la coopération des acheteurs, soit par la coopération des vendeurs ;

e) Le produit de certaines remises du commerce, du sou du franc, comme cela se pratique déjà à Paris.

f) A la campagne, produit de plantations forestières ou de cultures faites en commun, etc.

Programme de l'Union Thiernoise

Après avoir rapidement parcouru ensemble le vaste champ de la Mutualité, il nous est plus facile de déterminer le rôle qui incombe à notre « Union thiernoise ».

D'abord, elle doit scrupuleusement respecter l'autonomie des sociétés adhérentes, parce que la loi lui en fait une impérieuse obligation, et parce qu'il y a intérêt à ce que chaque société conserve sa physionomie particulière et reste fidèle aux principes qui ont animé ses fondateurs et ses administrateurs, de sorte, par exemple, que l'une continuera à rechercher l'adhésion et l'appui des membres honoraires, tandis qu'une autre s'efforcera de vivre avec les seules cotisations de ses membres participants : Respect mutuel, voilà la règle.

En second lieu, il convient de rechercher quels sont les services, quelles sont les institutions que nous pouvons organiser à Thiers, pour l'avantage commun de tous les mutualistes thiernois sans avoir à leur imposer de sacrifices pécuniaires et nous pourrons peut-être en trouver un assez grand nombre, par exemple :

Des cours professionnels ; des conférences sur la Mutualité et sur l'hygiène et une bibliothèque spéciale ;

Un service de placement gratuit ;

L'entente entre les Sociétés pour obtenir l'amélioration de leurs services médicaux et pharmaceutiques ;

Puis, on pourra étudier les services et les institutions qui exigeront la participation financière soit des sociétés elles-mêmes quand ces services et ces institutions viseront l'ensemble de leurs membres, soit des sociétaires intéressés quand ces fondations ne seront destinées qu'aux membres participants qui y adhèreront individuellement et alors nous pourrons aborder :

La création d'une Caisse de réassurance contre les maladies prolongées ;

La fondation d'un dispensaire pour procurer aux membres des sociétés des objets de pansement, de chirurgie et de literie nécessités par certaines maladies ;

L'organisation d'un office de consultations médicales gratuites ;

L'institution du prêt d'honneur ;

L'extension des services de la mutualité aux membres de la famille des membres participants ;

La création de la Mutualité maternelle ;

L'adhésion à l'Union départementale pour permettre à nos sociétés et à nos mutualistes thiernois de participer aux services supérieurs de la Mutualité organisés par les Unions et par les Fédérations, par exemple, au service d'hospitalisation, et de dotation, aux assurances mutuelles en cas de vie, en cas de décès, en cas d'accidents, etc.

Mais, nous ne devrons nous engager dans une solution quelconque que lorsque nous l'aurons mûrement étudiée et que les membres participants des sociétés thiernoises seront convaincus à leur tour des services qu'elle pourra leur rendre. La vitalité des institutions mutualistes repose uniquement sur la force des convictions des sociétaires.

Remerciements

Arrivé au terme de ce trop long travail, j'ai le devoir de remercier M. le Sous-Préfet qui a bien voulu montrer tout l'intérêt que le gouvernement de la République témoigne à la Mutualité en nous faisant l'honneur de venir présider notre première assemblée générale extraordinaire ; La Municipalité de Thiers et le conseil municipal tout entier pour les subventions qu'ils accordent aux Sociétés de secours mutuels locales et à l'Union thiernoise, en particulier.

Je suis heureux de profiter de la réunion de cette assemblée pour adresser nos félicitations les plus cordiales à M. Clouvel, qui, constatant, dans ses voyages, ce qui se fait dans les villes comme la nôtre, a pris l'initiative de la fondation de notre Union.

De plus, au nom de MM. Clouvel et Paraib, et au mien, je vous remercie de nous avoir chargés de la mission de vous représenter au Congrès de Nantes, parce que vous nous avez permis d'entrer en contact avec les hommes les plus compétents dans les questions qui nous occupent, d'étendre nos connaissances en mutualité et de nous mettre ainsi en mesure de mieux remplir les fonctions que vous nous avez confiées, au Conseil d'administration de l'Union.

Enfin, Mesdames et Messieurs, je vous remercie tous de l'empressement que vous avez mis à adhérer à l'Union et à vous rendre à cette assemblée; je vous en félicite très vivement ; car, en vous enrôlant ainsi dans les rangs de la Mutualité, vous faites, comme on se plaît à le répéter, une bonne affaire et une bonne œuvre: une bonne affaire, puisque vous vous assurez, par les moyens les moins onéreux, contre les malheurs qui peuvent vous frapper; une bonne œuvre, car, fortement pénétrés de vos devoirs de Solidarité, non contents de servir vos propres intérêts, vous servez aussi, avec le même dévouement, les intérêts de vos camarades, tout en préparant, par la constitution de vos fonds communs de retraites, un avenir meilleur aux générations de mutualistes qui vous succèderont.

Conclusion

Telle que nous venons d'essayer de la décrire et telle que la loi du 1er avril 1898 nous permet de l'entrevoir, la Mutualité française s'organise et se perfectionne pour rendre à la démocratie laborieuse des services matériels et moraux d'un prix inestimable.

Par ses secours médicaux et pharmaceutiques, par ses indemnités journalières et ses visiteurs, elle apporte la sécurité et la consolation dans la famille du travailleur malade ; par ses pensions de retraite, elle assure l'indépendance et la dignité aux vieillards ; par le souci qu'elle impose aux membres participants d'être en mesure de payer leur cotisation à date fixe, elle suscite les vertus individuelles les plus précieuses : la tempérance, l'ordre, la prévoyance, la fidélité aux engagements et elle provoque l'effort qui rend l'homme plus apte à vaincre les difficultés ; par le concours continuel qu'elle demande à l'individu pour soulager les maux d'autrui, elle développe dans chacun de ses adhérents, les vertus sociales, la philanthropie, la bienfaisance ; elle resserre les liens de la famille dont tous les membres peuvent participer à ses bienfaits ; en appelant tous les membres des sociétés aux assemblées générales, à l'élection de leurs dignitaires et un certain nombre d'entre eux à des fonctions électives non rétribuées, elle complète, fortifie leur éducation civique et les prépare à être, pour la commune, pour le département et l'État des administrateurs désintéressés économes des deniers publics et, par dessus tout scrupuleusement honnêtes ; enfin, la Mutualité remplit un grand rôle social en vulgarisant la connaissance des lois de la solidarité, en faisant prévaloir dans une mesure toujours plus grande, les sentiments altruistes sur l'égoïsme, en contribuant aux progrès de l'hygiène publique et privée, en s'efforçant de prévenir l'assistance par la prévoyance, en s'appliquant à élever le prolétaire malheureux de la condition humiliante d'assisté, au rang d'homme indépendant et digne ; car le Secours mutuel n'est pas une aumône, c'est un droit conquis par un viril effort.

Malgré l'excellence de ses intentions, la Mutualité n'échappe pas aux critiques, elle ne satisfait par tous les théoriciens de l'organisation sociale.

Placée entre les partisans du principe d'autorité et les adeptes du principe de liberté, elle ne répond ni à l'idéal des uns qui lui reprochent de trop demander à l'effort individuel ni à l'idéal des autres qui l'accusent de constituer, avec ses fonds communs, de véritables propriétés collectives.

Mais, elle ne se laisse pas émouvoir par ces critiques; elle se borne à les accueillir par un aimable sourire; car, en réalité elle échappe aux théories des penseurs : sortie du cœur du peuple, elle fait comme tous les êtres vivants, elle s'adapte au milieu dans lequel elle vit, en se guidant, non sur la science qu'elle ignore, mais sur les maux qu'elle désire soulager; elle procède par tâtonnements, par expériences et, chemin faisant, elle recueille les données les plus précieuses pour faire avancer la science sociale elle-même; tandis que les théories qui paraissaient le plus solidement établies, s'effondrent successivement une à une sous le choc imprévu d'un évènement fortuit ou d'une nouvelle découverte.

Aussi a-t-elle mille fois raison de ne pas se détourner de sa route et de s'avancer, toujours radieuse et sereine, dans la voie du progrès véritable, entraînant les volontés, captivant les cœurs, séduisant les intelligences pour grossir sans cesse l'imposant cortège de ses adhérents.

Délicate et prévenante l'aimable et majestueuse déesse écarte avec soin tout ce qui blesse et tout ce qui divise; fermement appuyée sur tout ce qui rapproche, sur tout ce qui unit les hommes, elle offre, sous les larges plis de son drapeau, une place à tous les partis, à toutes les classes, à tous les cœurs généreux, montrant à tous que, dans le vaste ensemble des institions démocratiques fondées u développées par la République, sans compter celles qui sont sur le point d'être réalisées, il y a des remèdes à toutes les misères sociales et du bien à faire pour toutes les bonnes volontés et pour tous les dévouements.

UNION THIERNOISE

UNION DES SOCIÉTÉS DE SECOURS MUTUELS DE L'ARRONDISSEMENT

DE THIERS

Approuvée par décision ministérielle du 24 Août 1904

STATUTS

CHAPITRE PREMIER

ARTICLE PREMIER. — **Titre et But de la Société.** — Une Union est fondée entre les Sociétés de secours mutuels de l'arrondissement de Thiers qui adhèrent aux présents statuts.

Le siège social de l'Union est à Thiers.

ART. 2. — L'Union a pour but :

1° De poursuivre d'un commun accord entre les Sociétés adhérentes l'application des avantages et des privilèges concédés aux Unions par l'article 8 de la loi du 1er avril 1898 ;

2° D'aider à la constitution, au développement et à la prospérité des Sociétés en formation et adhérentes en leur apportant les conseils de l'expérience acquise par ses administrateurs ;

3° De représenter, vis-à-vis de l'autorité, les Sociétés dont elle émane, de prendre la défense de leurs droits et de se faire leur interprète en ce qui concerne leurs besoins et leurs vœux ;

4° De proposer toutes les mesures générales dont l'adoption, toujours libre et volontaire de la part des Sociétés adhérentes, tendrait à constituer des avantages et des améliorations,

tant au point de vue des services organisés que ceux à constituer; de créer des bibliothèques spéciales; de poursuivre le développement des idées et des principes mutualistes par l'organisation de conférences et par tous les moyens de propagande
reconnus propres au but à atteindre :

5° De juger sans frais et amiablement toutes les difficultés qui pourraient s'élever dans le sein des sociétés adhérentes sur l'application de leurs statuts et règlements, ainsi que toutes
les contestations qui peuvent surgir entre les sociétaires et l'administration ou entre les administrateurs eux-mêmes

CHAPITRE II

Art. 3. — **Composition.** — Peuvent faire partie de
l'Union toutes les Sociétés mutuelles libres ou approuvées, pla-
cées sous l'égide de la loi du 1er avril 1898, ayant leur siège social dans l'arrondissement de Thiers.

Art. 4. — **Admissions.** — Les Sociétés désirant adhérer à l'Union devront faire parvenir en même temps que leur
demande, les pièces suivantes :

1° L'extrait de la délibération votée par l'Assemblée
générale qui déclare adhérer à l'Union; cette délibération certifiée
par le Président et le Secrétaire de la Société porte la désigna-
tion du ou des mandataires chargés de la représenter, (noms,
prénoms, adresses et qualités des mandataires);

2° Un exemplaire des statuts et règlements, ainsi que
le dernier compte-rendu annuel, ou, à son défaut, une pièce
comptable certifiant le nombre des membres de la Société.

Art. 5. — *L'admission* a lieu sans discussion par le conseil de l'Union sur la simple production des pièces ci-dessus.
L'admission prononcée sera portée à la connaissance des Sociétés dans les huit jours qui suivront la réunion du bureau de
l'Union;

Art. 6. — **Démission.** — Les Sociétés démissionnaires
n'auront aucun droit à faire valoir sur les fonds communs de
l'Union sur son matériel et ses archives.

Art. 7. — Seront considérées comme démissionnaires :

1º Les Sociétés qui n'auront pas acquitté le montant de leurs cotisations dues pour deux années;

2º Celles qui, par l'organe de leurs délégués, refuseront de se soumettre en tout ou en partie aux présents statuts.

Les Sociétés seront au préalable avisées par lettre recommandée de la mesure qui devra être prise contre elles et des motifs qui la détermineront.

CHAPITRE III

Art. 8. — Administration. — L'Union est administrée par un conseil formé par les présidents de chaque société adhérente, plus, un délégué par deux cents ou fraction de deux cents membres de chaque société adhérente.

Art. 9. — Le conseil nomme dans son sein chaque année un bureau composé de :

Un président; deux vice-présidents; un secrétaire général; deux secrétaires adjoints; un trésorier; deux trésoriers-adjoints.

Toutes ces fonctions sont gratuites et obligatoires après acceptation.

Les membres du bureau sont rééligibles. Dans les cantons autres que celui de Thiers, il pourra être créé des sections composées de sociétés adhérentes à l'Union qui pourront conserver leur autonomie et composeront leur administration.

Art. 10. — Le conseil d'administration se divise en autant de commissions spéciales qu'il croit utile pour l'étude des questions à lui soumises. Chaque administrateur ne peut pas faire partie de plus d'une commission.

Art. 11. — Le président dirige les travaux du conseil il préside toutes les assemblées générales, assure l'exécution des statuts et délibérations; il représente l'Union dans les rapports avec les pouvoirs publics et les diverses administrations adhérentes ou étrangères et les particuliers.

Aucun acte public, aucune démarche ne peut être faite au nom de l'Union sans son autorisation accordée après avis du bureau.

Il ordonne toutes les dépenses régulièrement autorisées, il a seul, qualité pour recevoir et ouvrir la correspondance.

Il préside de droit les commissions.

ART. 12. — Les vice-présidents secondent le président et le remplacent en cas d'empêchement ou d'absence.

ART. 13. — Le secrétaire général rédige les procès-verbaux des assemblées générales et des réunions du conseil d'administration ; il tient un registre matricule des sociétés adhérentes et de leurs délégués. Il présente chaque année un rapport sur les progrès accomplis et les résultats obtenus. Ce rapport doit être préalablement soumis à l'approbation du conseil d'administration. Il est secrétaire de droit de la commission d'arbitrage et consigne sur un registre spécial les travaux de cette commission ; il signe conjointement avec le président les jugements rendus.

Les secrétaires-adjoints secondent le secrétaire général et le remplacent en cas d'absence, l'un d'eux est plus spécialement chargé de la garde des archives et est chargé des convocations.

ART. 14. — Le trésorier a la garde des fonds appartenant à l'Union ; il a seul qualité pour effectuer les recettes et les dépenses, il en tient un registre et en rend compte à chaque réunion du conseil d'administration.

Le registre et les pièces justificatives des opérations annuelles sont tenus à la disposition des membres du conseil. Ces dernières sont ensuite versées aux archives.

Toutes les quittances sont détachées d'un livre à souches ; toutes les dépenses doivent être accompagnées d'un mandat visé par le président.

Le trésorier-adjoint seconde le trésorier dans ses travaux sous la responsabilité de ce dernier.

Le président, les vice-présidents, les 3 secrétaires les 3 trésoriers font de droit partie de toutes les commissions.

ART. 15. — **Réunion du Conseil.** — Le Conseil se réunit chaque fois qu'il est convoqué par le président et au moins tous les mois.

Le Conseil ne peut délibérer valablement que si la majorité des membres qui le composent, ayant leur siège à Thiers, assistent à la séance; les excusés étant considérés comme présents.

Le président doit convoquer le conseil lorsque la moitié des membres lui en font la demande motivée et par écrit.

Art. 16. — **Assemblées générales.** — L'Union se réunit en assemblée générale une fois par an, le dernier dimanche d'avril, pour entendre la lecture des rapports qui lui sont présentés et statuer sur les questions qui lui sont soumises par le conseil. Il est également donné lecture d'un compte-rendu moral et financier de l'année écoulée. L'assemblée générale est formée par le conseil et par les délégués de chaque société. Cette délégation se compose des visiteurs, sous-visiteurs et commissaires de de chaque société ou d'un délégué par dix sociétaires.

Art. 17. — Il peut être procédé à des assemblées générales extraordinaires, toutes les fois que l'urgence en est reconnue par le conseil ou que le tiers des membres composant l'assemblée générale en font la demande.

La demande doit mentionner les questions à porter à l'ordre du jour. Aucune proposition ne pourra être discutée, si elle n'est formulée par écrit, signée du délégué ou des délégués membres de l'assemblée générale qui la présentent et si elle n'est au préalable, adressée avant le 31 mars, au président de l'Union pour prendre rang d'inscription. Toutefois une contre-proposition à celle du conseil pourra être présentée au cours d'une assemblée générale. Dans ce cas, le conseil pourra l'examiner pendant une suspension de séance et donner ensuite son avis à l'assemblée.

Art. 18. — Les assemblées générales délibèrent quel que soit le nombre des membres présents.

Toutes les délibérations sont prises à la majorité absolue des voix.

Art. 19. — Toute discussion politique, religieuse ou étrangère au but de la mutualité est interdite dans les réunions du conseil et de l'assemblée générale.

Il est interdit aux membres du conseil de se servir de leur titre en dehors des fonctions qui leur sont attribuées par les statuts.

CHAPITRE IV

Art. 20. — **Organisation financière.** — Les recettes de l'union se composent :

1° Des cotisations dues par les Sociétés adhérentes ;

2° Des subventions, dons et legs faits en sa faveur par l'Etat, le département, la commune et les particuliers ;

3° Du produit des concerts, conférences, tombolas et fêtes donnés spécialement sous son patronage ;

Art. 21. — Les ressources de l'Union sont spécialement destinées à servir à la propagande pour le développement des idées mutualistes, à permettre l'envoi de délégués aux congrès généraux et nationaux, et enfin de permettre la participation de l'Union à toutes les manifestations mutualistes présentant un caractère d'intérêt général ou particulier à la région ;

Art. 22. — Les fonds de l'Union sont placés en valeurs autorisées par l'article 20 de loi du 1er avril 1898, ou aux caisses visées par cet article.

CHAPITRE V

Art. 23. — **Obligation envers l'Union.** — Le montant de la cotisation due par chaque société d'adultes est fixée à 0 fr. 10 par membre participant et par an, et pour chaque société de mutualité scolaire à la somme 3 francs par chaque centaine ou fraction de centaine de sociétaires. Le montant des cotisations doit être remis chaque année, au trésorier avant le 30 janvier, au plus tard.

Les sociétés qui n'effectueraient pas le montant de la cotisation avant le dernier délai fixé plus haut perdraient les avantages correspondants à l'année en cours.

Art. 24. — Les délégués du conseil d'administration ou leurs suppléants officiels doivent assister à toutes les séances auxquelles ils sont régulièrement convoqués.

Sauf le cas de force majeure, les délégués doivent assister aux assemblées générales annuelles ou extraordinaires ; Les délégués sont convoqués par les soins du bureau de l'Union.

Art. 25. — Les Sociétés adressent, chaque année, le compte rendu annuel de leurs opérations à l'Union. Les sociétés adhérant après le 1er janvier 1905, payeront un droit d'admission de 5 francs par 100 membres ou fraction.

CHAPITRE VI

Art. 26. — **Obligations de l'Union.** — Les avantages concédés par les paragraphes 2, 3 et 4 de l'article 2 des statuts sont accordées aux sociétés sur leur demande motivée adressée au Président. Ce dernier arrête, d'accord avec le conseil, les mesures à prendre pour donner satifaction dans la plus large mesure.

Art. 27. — Les avantages résultant de la création des différents services prévus par l'article 8 de la loi du 1er avril 1898, notamment ceux contenus dans les paragraphes A et D, seront applicables aux sociétés adhérentes à ces créations, qui devront se conformer à la réglementation statuaire spéciale à chacune d'elle.

Art. 28. — Les propositions ayant pour but la création d'un ou plusieurs des services prévus seront étudiées par le conseil qui, après étude, présentera un rapport à l'assemblée générale qui statuera.

Art. 29. — La commission d'arbitrage, prévue par le paragraphe 5 de l'article 2 des statuts et devant laquelle seront jugées contradictoirement les affaires portées devant elle est composée :

1° Du Président de l'Union, président de la commission ;

2° Des Membres du bureau de l'Union ;

3° De neuf membres désignés par voie de tirage au sort pris dans les délégués de l'Union.

Il ne pourra entrer dans la composition totale de la commission d'arbitrage, plus de 2 membres de chaque société ;

Les décisions rendues par elles ont prises à la majorité absolue.

Art. 30. — La demande d'arbitrage doit mentionner que les parties acceptent et se soumettent par avance au jugement qui sera rendu.

Art. 31. — La défense des parties peut être présentée par des personnes étrangères à la société, mais prises parmi les sociétés ayant adhéré à l'Union.

Art. 32. — Il ne sera délivré des extraits de jugement que lorsque les affaires seront portées devant les tribunaux.

En tout autre cas, un simple extrait de la décision rendue sera remis aux intéressés.

Art. 33. — Les procès-verbaux d'arbitrage sont signés par le président et le secrétaire général de l'Union faisant fonction de secrétaire de la commission.

CHAPITRE VII

Art. 34. — **Police et discipline.** — Le règlement concernant la police des séances est arrêté par le conseil. Aucune peine ne peut être établie hors de celle fixée par les statuts. Le minimum des amendes qui peuvent être infligées est de 0 fr. 50 et le maximum de 1 fr.. La quotité de la pénalité est fixée par le conseil.

CHAPITRE VIII

Art. 35. — **Radiation.** — La radiation peut-être prononcée :

1° Contre le Sociétés qui refuseraient de se conformer aux statuts et règlements ou aux modifications qui pourront y être régulièrement apportées ;

2° Contre toute Société qui refuserait de remplacer un délégué ayant causé un préjudice moral et matériel à l'Union ou dont l'attitude dans les réunions serait inconvenante.

CHAPITRE IX

Art. 36. — **Modifications aux statuts. Dissolution. Liquidation.** — Les statuts ne peuvent être modifiés que sur la proposition du Conseil ou celle du quart des sociétaires ayant qualité pour faire partie de l'assemblée générale.

Dans ce dernier cas, la proposition est soumise au conseil deux mois avant la séance où elle viendra en délibération.

Les convocations doivent mentionner le projet de modification et être adressées 8 jours au moins avant la séance de l'assemblée générale.

Toute modification aux statuts doit être notifiée et publiée conformément à l'article 4 de la loi du 1er avril 1898.

Les modifications aux statuts ne peuvent être mises en vigueur qu'après approbation de l'autorité.

La dissolution est prononcée dans les formes prescrites par l'article 16 de la loi du 1er avril 1898.

La liquidation, dans ce cas, s'opérera suivant les prescriptions de l'article 31 de la même loi.

Les deux Vice-Présidents,	*Le Président,*
CLOUVEL.	BRUGÈRE.
MASSOPTIER, aîné.	

Les Secrétaires,	*Les Trésoriers,*
P. NOURISSON.	P. CARTON.
PARAIN DENIS.	FERRIOL.
DAVID-DOURIS.	DAVID-BECHON.

Les membres du Conseil d'Administration

BECHON.	BOURGADE JEAN.
JOURDAIN.	AULIER.
J. PRADAT.	FAYE.

TABLE